ANTOLOGÍA POR: ÓSCAR ACOSTA Y
POMPEYO DEL VALLE

HONDURAS EN MIL VERSOS

ERANDIQUE

COLECCIÓN

ÍNDICE

UNA HERMOSA LABOR DE LOS POETAS ÓSCAR ACOSTA Y POMPEYO DEL VALLE

En 1971, el día 2 de enero, en los talleres de la Imprenta Calderón de Tegucigalpa, se terminó de imprimir el libro Exaltación a Honduras, una antología de versos realizada por dos de los mejores poetas latinoamericanos: Óscar Acosta y Pompeyo del Valle.

La antología recoge, entre otros, poemas de Juan Ramón Molina, Froylán Turcios, Clementina Suárez, Roberto Sosa, Eliseo Pérez Cadalso, Jaime Fontana, Claudio Barrera, David Moya Posas, Antonio José Rivas, Filadelfo Suazo, Jorge Federico Travieso y Rafael Heliodoro Valle.

Han transcurrido cincuenta y dos años desde entonces, tiempo en el que se han escrito otros versos que podrían tener un lugar entre aquellos que los poetas Acosta y del Valle escogieron.

Sin embargo, decidimos mantener intacta esa edición de 1971, no solo para respetar el trabajo de los antologistas, sino también como una forma de rendirles un pequeño (pero sentido) homenaje por la selección realizada.

Solamente tuvimos el atrevimiento de cambiar el título. El resto, insisto, es mérito de los poetas Óscar Acosta y Pompeyo del Valle. Lo de los mil versos tampoco es tan exacto…

"Por primera vez el lector tiene al alcance de la mano una obra que le ha de descubrir la almendra poética del tema hondureño en las letras nacionales", escribieron los antologistas.

Y agregaron: "Sin duda, nuestro trabajo no ha resultado todo lo perfecto que hubiéramos deseado. Tal vez en algunos casos hemos sido demasiado generosos, demasiado severos en otros".

Precisamente, en esa imperfección radica la belleza de la antología.

Después de analizar varias opciones, decidimos utilizar una pintura estilo acuarela de la Catedral de Comayagua para la portada.

Honduras a través de versos… ¡No se puede pedir más!

Óscar Flores López/Colección Erandique

MELÓDICA HONDURAS

CANTO A HONDURAS

Alfonso Guillén Zelaya

Patria: yo me he sentido vagar en esos vientos
que bajan de tus tierras cargando pensamientos
de sol. Como yo, nadie te vive y te concentra;
habita en ti lo mío, lo tuyo en mí se encuentra.

Yo me he sentido ser sangre de tus venas,
forraje de tus árboles, metal de tus arenas.
Amo tu sol candente, tus grandes aguaceros
y el polvo trashumante que va por tus senderos.
Adoro tus espacios de cristal rumoroso,
tu fragancia de selva y tu indio silencioso.

Me inquietaron tus mares, me atrajeron tus montes;
por ellos he sufrido una sed de horizontes
que jamás se ha apagado, ni que se apague espero.
Mares y montes, doble escala hacia el lucero
y la sabiduría:
en sus aguas y cumbres hallan soberanía
el pensador y el rebelde, cuyas mentes y manos
unirán a tus hijos y ahogarán tus tiranos.

La historia no se cansa y romperá los yugos
que a tu frente impusieron logreros y verdugos,
al horror de las cárceles y las persecuciones,
al de la incertidumbre y de los paredones,
al de los pies descalzos y la vida sin techo,
al de la sangre enferma y el pulmón deshecho;
al dolor de quien vive cada esperanza en ruinas,
ignorante, oprimido, sin pan ni medicinas,
se interpondrá el impulso que aniquile tus penas
y destroce los hierros de todas tus cadenas.

A la noche tremenda sucederá la aurora.
Minuto tras minuto, la fragua redentora

implacable incinera
al servilismo inmundo y a la ambición artera
de esbirros y entreguistas, de estultos y traidores.
En las cenizas muertas reventarán las flores,
a tus campos vacíos regresarán las gentes
y en exilios y cárceles sólo habrá delincuentes.
Contra tus inquietudes, contra tus desvelos,
albergue más seguro que el techo de tus cielos
o el del suelo y sus chozas, tendrán tus campesinos.
Y ricos de salud, dueños de su parcela,
al paso de sus niños marchando hacia la escuela
los llenará de fe el músculo y el pecho.
Creerán que Dios existe, que no es farsa el derecho
y su abrazo y su amor. Hermanos de la tierra,
nos darán la abundancia y alejarán la guerra.

Vendrá el mañana libre. Vendrá la democracia.
No por mandato extraño ni por divina gracia;
vendrá porque el dolor ha de unirnos a todos
para barrer miserias, opresores y lodos.
¡Vendrá la libertad! Sobre el pasado inerte
veremos a la vida derrotando a la muerte.
Tendremos alegría, tendremos entusiasmo,
la actividad fecunda sucederá al marasmo,
y en la extensión insomne de todos tus caminos,
se alzarán majestuosas tus cumbres y tus pinos.
Ese árbol es tu símbolo. El pino es tu bandera;
se yergue en tu montaña, se yergue en tu ladera,
se yergue en tu llanura, se yergue en tus alcores;
tu sangre y tu heroísmo, tus sueños, tus amores
palpitan en la cálida savia de tus pinares
con el rumor profético de antiguos avatares.
Como tu propio cuerpo altivo y desafiante,
como la propia historia de tu opresión sangrante,
lleva el pinar las huellas del odio y la metralla:
tus pinares han sido un campo de batalla.
Allí yacen legiones de titanes heridos,
y se quejan al viento tus ramajes caídos;

al pinar no faltan bravura ni soldados:
pinares legendarios, pinares infinitos,
ejército de cimas que ofrece a los proscritos
en su compacto bloque de fraterna arrogancia
una lección de lucha suspensa en la distancia.

¡Nobles pinos de Honduras, espejos de grandeza,
perpetuo desafío de la Naturaleza
contra las dispersiones, contra las deslealtades,
las derrotas, los crímenes y las adversidades!

El pino es horizonte. El pino es un ejemplo.
En nuestra vida tiene la majestad de un templo.
Pinares hondureños, pinares ancestrales,
enhiestos, eminentes, serenos, inmortales;
bandera de victoria contra las tiranías:
¡vendrán los días de oro, vendrán los nuevos días!

EL POEMA DE HONDURAS

Rafael Heliodoro Valle

A los grandes abuelos mayas que cincelaron el rostro del Tiempo
con amor, sabiduría y paz.

Desde la transparencia constante del recuerdo
veo tu rostro dulce y triste, tus montañas
con nieblas en la gloria solar del mediodía,
tus pinos con balsámicos rumores y fragancias,
y en el fondo los pueblos con luces en la noche...

Te quiero por pequeña, por suave y sensitiva,
ásperamente dulce como la piña de oro
que en los vergeles surge con su miel concentrada,
como si fuera síntesis del verano moreno
flotando entre las frutas que los golosos pájaros
—los más esplendorosos del mundo—
picotean en las cuatro estaciones.
¡Oh melódica Honduras,
tierra dulce y pequeña,
tierra del rostro indio y del alma española;
hija del Almirante que iba ciego en el mar,
como si te buscara su olfato!

¡Oh flor telúrica! ¡Oh isla vagabunda del alto mar océano!
Y se quedó mirándote pasar
cuando tus islas pasaron encendiendo su mirada de errante poeta,
y te nombró al caer de rodillas
para dar las gracias por haberse evadido
de una larga tormenta frente a tu litoral,
en uno de esos días en que hasta las gaviotas
se quedan suspendidas entre el agua y el cielo,
buscando rumbo, a ciegas,

en la áspera locura del sol innumerable...
¡Oh tierra blanca y azul! Ya tu bandera
trasunta lo más puro del día y de la noche,
la prístina inocencia y el sueño más audaz,
la libertad magnífica y la pureza virgen
del alma que se entrega al futuro perfecto,
y olvidando los días nefastos, las cruentas
pesadillas, los bárbaros holocaustos caníbales
que emigraron del África, acaso del Brasil,
con gritos ululantes y tambores de guerra,
hasta que el europeo llegó en sus carabelas,
desafiando las furias eléctricas, los vientos
contra los cocoteros, desmantelando velas, gritando:
¡Más allá!

Sí, más allá, tal vez fue la voz, ¡Honduras!
Síguela, óyela, suena al otro lado de los peñones donde
se detienen las aves marinas y las brújulas
navales enloquecen, y las redes errantes del radar
cumplieron las profecías. Ya los nuevos
oteadores del viento y del cielo presagian
para ti grandes días henchidos de la dicha posible.

Hay una estética
en la Historia que siempre ha precedido a los advenimientos
de las auroras áureas de esplendor. El compás
del barco-escuela capta las ondas más sutiles
del hierro de Agalteca y el temblor de los nervios del Golfo
de Fonseca,
el golfo promisorio, en que sigue escondido
el tesoro que pudo rescatar el pirata que llegó sobre el lomo
del Pacífico, desde el sur de Pizarro. Aún se miran las huellas
del gran González Dávila en las aguas salobres
de ese Mediterráneo que tiene muchas islas
que cantan encantadas, como si fueran novias en una sinfonía
en que aparecen garzas dibujando poemas
de blancura estatuaria y de silencio exacto.
El golfo es un tesoro que guarda los secretos

que buscan los que creen en la Atlántida,
los buzos que sueñan con galeones hundidos
y con arcas repletas de la plata primera de tus montes,
que en su fondo callado de clepsidra escuchan
caer las silenciosas lágrimas de los mineros
que rescataron plata y recibieron cobre.
¡Oh muertos! Vuestros puños se alzaron sin remedio,
sin esperanza; disteis en lo oscuro del túnel
la sangre y el sudor, sin que se identifiquen
en la vieja moneda que decía:
«El libre ofrece paz,
pero el siervo jamás».
¡Jamás! Esta palabra impura no debes repetirla;
no vuelvas al pasado, no mires tu ignorancia, que el futuro
está en flor
y aún puedes cultivarlo; no la gastes, ahórrala,
no para el odio estéril; no vuelvas al pasado
que te puso en el mapa con horrendos colores,
y que manchó tu azul y tu blanco y tus pinos,
que son la primavera. La imagen del futuro te aguarda
como novio, a tu puerta, sonando su guitarra
con el cuello adornado de jazmines insignes.
Sé siempre cual la flor más excelsa del patio
de tu casa sencilla: el jazmín es la pura
expresión de tu heráldica. De día está orgulloso
de su blancura, dando su aroma penetrante,
su canto de poeta enamorado siempre de las formas sagradas,
la niña que aparece en el balcón
y escucha la serenata llena
de músicas sublimes, de palabras que no pueden decirse,
y el sol sobre las altas madreselvas
cae, dejando pétalos de cielo
sobre los sueños castos de las calandrias ebrias
de canto, que han construido sus nidos en los viejos amates
a la orilla del río que, en el verano, duerme,
y se sale del cauce en invierno, y se enoja,
y se lleva los puentes de piedra,
que eran juegos de niños en el vado;

los puentes del azteca, del indio
que hizo ciudades de palabras que tienen
un acento gracioso, y aún resuenan
en nuestro corazón encadenado
a la música antigua:
Siguatepeque, pueblo de muchachas;
Guacerique,
nombre canoro, fresco, cargado de peces y de estrellas;
y algunos nombres mayas que vienen caminando
desde muy más allá del día en que nacieron las estelas
de Copán,
y desde el día en que alzó
poderosa su antorcha el Dios del Viento.
Ulúa, Sula, Omoa, Danlí y Oropolí
resbalan lentamente en el oído
como gotitas en la antigua cueva
en que están dormidas las edades
que vieron los primeros pinos, los primeros caobos,
los ceibos de raíces milenarias,
que caminan, caminan y caminan
con su mensaje oculto hasta las tierras donde
el Señor de Esquipulas ve llegar a los indios
con sus danzas y sus banderas desplegadas,
el día del alborozo unánime
en que los nietos de los nietos del azteca y el maya
unen sus manos y corazones
en la plegaria y en el llanto, como el amate de raíces hondas
que mece su larga y verde cabellera
sobre las aguas de los ríos que bajan de los montes
con fragmentos de ídolos y colores de orquídeas.

¡Oh Patria, oh Madre! Adorna tu vestido
de zaraza y tu humilde sonrisa más graciosa,
como las madres que en sus pueblos bordan
el complicado encaje para el traje
que ha de llevar el niño en el bautizo,
cuando el canario dé su trino de oro
al viento claro, en el albor del día,

y la campana rota, con su voz
más recóndita y llena de dulzura, llame a todos
para que lleguen a la fiesta en que
compadres y comadres jurarán
quererse siempre, como los abuelos
que no tuvieron odios y juntaron
las manos, cerca de las luminarias,
bajo los robles llenos de "parásitas",
de las orquídeas niñas que se asoman
tímidamente a ver pasar las nubes
desde los nidos verdes que, en el bosque,
improvisan huyendo de las manos
que buscan llamas en las flores altas.

Tus orquídeas manejan tus colores
sencillamente, como los pintores
impresionistas, y como tus pájaros carpinteros,
que esconden sus ahorros
para el invierno entre los broncos troncos
del roble en que encontraron su refugio
las colmenas huidizas, que robaron
su miel a la guanábana, y al pino
su madrigal más fino entre la lluvia...

¡Oh Patria! Sé siempre propicia
a tus hijos; sonríeles, y cuéntales
tu ambición más humilde, no tu historia
con sangre y lágrimas cobardes.
Dales valor para afrontar los días difíciles,
y la familia toda esté contenta
y orgullosa de ti.

¡Oh Patria, oh Madre!
Tus valles son la luz en que se azula
el agua llena de cristal canoro:
El Zamorano y el Valle de Sula,
los de Sensenti, Quimistán y Yoro;
del valle pingüe, el valle del solsticio

de invierno, y el feraz y frumenticio,
con el confín que no tiene horizonte,
tierra de pan llevar sin beneficio,
que sólo tiene el trino del sinsonte.

Y esos pueblos callados, íngrimos y remotos,
allá en el hondo fondo, coronados de humo,
y llenos de muchachas que, sin novio, suspiran,
y tienen ojos tristes como las Dolorosas
que en los templos oscuros, con el manto raído en la
Semana Santa,
salen a hacer visitas a San Juan y le muestran
puñales sobre el pecho y los ojos en blanco.

Los pueblos aparecen con sus casitas, cuando
del campanario vuelan las palomas del ángelus,
esparciendo noticias del cielo: que la Virgen
ya tiene un nuevo manto tan azul como el cielo
de Honduras en las tardes en que el río, a lo lejos,
es serpiente de plata que ondula
al infinito. ¡Oh pueblos que se llaman
Cedros y San Antonio de Oriente, Valle de Ángeles, Yorito,
Dulce Nombre, La Rosa! ¡Oh procesión
de nombres con retintín de plata antigua,
que, a veces, en las noches con fantasmas, se escurre
de las botijas donde el rico más tacaño sepultó sus ahorros!

Bajo las noches claras, frescas, los ocotales
con luminarias miran pasar a los arrieros
que van de pueblo en pueblo ofreciendo las cosas
que codician las niñas paliduchas que en la noche dormida
oyen gritar al Duende, el personaje
que arrea los ganados hacia la Costa, en donde
los bananos producen oro a montones, como en los días
en que se hablaba de unir a los mares con la locomotora.
Fue una grande ilusión, como las otras que has tenido,
porque hay una riqueza
en el sueño, una mina inextinguible, fantasma entre las flores.

De pronto, por tu cielo pasan las guacamayas
pregonando al crepúsculo
sus colores fantásticos; te dan las albricias
en la tarde, en el alba, los pájaros insomnes,
porque eres una vasta pajarera con luz; no hay en el mundo
—según Twomey— tan bellos y variados,
y hablan muchos idiomas, desde el maya que hablaban
los poetas del Popol Vuh, y el lenca y el chortí; pájaros
que aún escuchan
la voz exultadora del Dios del Viento, el profeta
que seguirá en su plinto hasta que el aire muera de amor
en las montañas
donde el quetzal, la joya con alas, tiene un nido
no de piedras preciosas, sino de hierbas débiles,
y el canario de pecho de oro, que al cantar
remeda el agua íntima que taladra las piedras y penetra
en el alma
de los dioses caídos; luego pasan innumerables niños
con alas:
son los ángeles de la mañana aérea hondureña, los ángeles
que llevan nombres borbotantes: la calandria, el turpial,
zorzales, clarineros;
es el coro sinfónico que abandona las nubes
para ofrecer conciertos a los pueblos de Honduras,
pueblos primaverales en la lluvia perenne,
pueblos de pastorela, cada uno con huertos
con olor de guayabas y fragancias en flor:
pueblos en donde labra su panal el Amor,
y las abejas guardan su miel sin darse prisa,
y al pie de la montaña hay suavidad de brisa.

¡Loor a la hermosura de tus cañaverales,
de espadas que se hunden en las noches impuras!
¡Ay de las pobres víctimas de sus garras letales,
de los males que abrevan en esos manantiales
el veneno diabólico de las cañas maduras!
En la plaza aparece, en noches de retreta,
la banda filarmónica que desentierra valses

con telarañas, y en la noche, en el "velorio", se cuentan
las historias más alegres al compás de la cena suculenta
y el bárbaro licor que da la caña.

¡Ay! Es un niño muerto,
un ángel, angelito,
que se fugó del mundo,
pues no llegó el doctor a tiempo;
las comadres comentan a su modo el incidente,
y la abuela corta yerbas fragantes que derrama en el piso,
santiguándose para conjurar maleficios.
Al ángel lo sepultan en una loma,
mientras suenan guitarras y estallan los cohetes;
la lluvia está cayendo con sus lágrimas lentas,
cae sobre los patios con toronjas maduras,
cae... sigue cayendo... goteando día y noche.
De pronto suena el cántico que estalla en alarido:

«¿En dónde está Rosa?
—Está en el jardín
cortando la rosa,
sembrando el jazmín».

Entre jazmín y rosa aparece un machete, inesperadamente,
en el velorio.

El machete es la paz al revés
El machete es la paz al revés; el cuchillo se esconde
en el momento oportuno. Hay fiestas de moros y cristianos,
en que los indios danzan
por el Señor Santiago; y hay algunas peleas
sin sangre, en que los moros
huyen, pero el Apóstol se queda con sus ganas
de batirse.
Los indios le escondieron machetes y cuchillos;
la espada se ha quedado
en el museo familiar junto a las ropas
con fino aroma de raíz de violeta, en los baúles

que guardan abolidos encantos, y los santos
de bulto que hace tiempo labraron los santeros de
Guatemala. Solos
están en un rincón de la sala con su aire
sentimental, el mismo que tiene San Antonio, el hermoso
patrón de las muchachas casaderas.
(Antonio es castigado de veras
si las cosas no aparecen).
La lluvia está cayendo trémulamente sobre los recuerdos
azules
de la abuela, que tiene nostalgia inconsolable al abrir el baúl
con espejos, memorias y prendas del ayer florecido,
las sombras de los besos que un día,
un milagroso día, cuando menos pensaba,
al salir de la misa vio al galán, que en la Pascua
la vio pasar crujiente, sonriente, toda llena
de gracia en el amor; y al otro día
juntaron con las manos los corazones. Hubo
un alborozo unánime en las campanas: era
que el Padre Reyes bendecía a los novios
debajo de la cúpula
dorada por el tiempo. De pronto hemos llegado
a la ciudad de Reyes y de Soto y de Rosa,
la ciudad española que aún tiene callejones
y ventanas discretas por donde las palomas intrusas
bajan desde los cerros, convocadas por el
paisaje que San Miguel vigila y limpia con su espada
de fuego,
que bien cabe en la rosa más fina que, en el muro,
dibuja su silencio encendido, y en el aire
se queda por siempre proclamando lo eterno
en lo efímero. La rosa es tu palabra, Tegucigalpa mía,
ciudad entre nubes, ara de amores,
ciudad de piedra y flores,
de piedras coloridas —más bien, piedras preciosas—,
casa de primavera y casa de las rosas,
cada vez que refulgen en mi íntimo sagrario,
allí donde el clavel erige su purpúrea

belleza con rocío, y ofrece la diadema
de su aroma pretérito, su aroma que se asoma
en los versos de Reyes, el civilizador,
más grande que el guerrero que frenó su caballo
en la Plaza Mayor,
y al sólo verle exclama la muchedumbre:
«¡Oh Padre,
cuídanos con tu espada,
que fue la espada insigne de la ley!»

En tus rosas de bronce Morazán ha encendido
su milagro perpetuo; pero el mármol de Reyes
es blanco, blanco puro, tan puro
como el blanco de la bandera
en el tope del viento, que baja de las nubes que viajan
rumbo al mar,
o que riza las aguas del Yojoa, el gran ojo demetérico,
de cristal, que ha caído sobre el paisaje ciego de la luz,
que ha palpado
los robles centenarios, y luego se detiene
muy más allá, en el fondo de las casitas blancas,
blancas como la sombra de los días
sin mancha; no los días del pasado,
que fueron negros, cuando en las cavernas
rugían los coyotes que, con voz humana,
eran la imagen viva de los dueños
de las riquezas pecuarias y la hermosa
alegría frutal, y del dormido
silencio de los campos que la sangre
empapó inútilmente, sin dar vado
al progreso. No mires al pasado,
sumérgelo en la sombra del olvido;
tus estatuas de sal se han derretido,
y tus hombres feroces, oxidado.
«Cortacabezas», el bandido fiero,
murió con el «lucero chilatero»
sobre Olancho; y también el «Cinchonero»
ya flota río abajo, en ese río

que va al mar del oprobio, y entre tanto
bandido surgió un ángel con su canto:
¡Reyes, el de la estatua de rocío!

INVOCACIÓN A LOS ABUELOS

Rafael Heliodoro Valle

¡Oh abuelos mayas! fuisteis los primeros
hombres de cielo y de maíz,
sois nuestra raíz.

Visteis nacer innúmeros luceros
desde las torres. Soy de vuestro barro
y vuestro cielo. Sobre las espaldas
condujisteis las piedras con decoro,
y vuestras milpas fueron esmeraldas
entreveradas de capullos de oro.
Vuestra sangre nos dio la enorme gente
en que los hombres eran cristalinos:
un pueblo delicado y transparente
que supo amar la paz, y con ternura
cinceló, en el basalto, su cultura
sentándose a la sombra de los pinos.
Dadnos valor y amor, dadnos templanza,
dadnos tan sólo el pensamiento puro
para encontrar de nuevo la esperanza
y poseer la clave del futuro.

¡Oh padres, la esperanza no está inerte,
ni toda la esperanza está perdida;
no ha de volver la imagen de la Muerte
a empañar los espejos de la vida!

HONDURAS, ALBA, SILVIA

Clementina Suárez

Los cerros siempre enfrente, mi patria en medio.
Desde cualquier parte te llamo,
una y otra vez mi grito se repite:

¿por qué no escuchan mi voz?
Patria, hija.
Honduras, Alba, Silvia.
En la orilla, aquí enfrente,
mirando que el río no se detiene.
Loca, loca poesía la vida,
mi patria, Alba, Silvia.
Yo te llamo:

¿Oyen, oyen mi voz?
Honduras, Alba, Silvia.
Y el río no se detiene.

SONETO DE AGOSTO

Constantino Suasnávar

Esta patria que Dios nos ha donado,
azul y blanca, rocallosa y fina,
desde la mar hasta la cumbre andina
está tirando a verde o colorado.

Cuando, por cierto, el cielo está nublado,
gris es el viento, gris la golondrina...
amarilla la luz, el sol morado,
con algo de naranja mandarina.

Y yo, que soy pariente de Cabañas,
miro correr un río entre espadañas
al Pacífico sur de la Guaymuras.

Mientras vuelan satélites errantes
por el norte y el este, y mis penantes
ven el ocaso de su desventura.

EXALTACIÓN DE HONDURAS

Céleo Murillo Soto

Estoy aquí pensando bajo la luz del día,
en la maravillosa sensación de la vida.
En la voz que se apaga bajo el claror nocturno,
en el llanto que nace de la entraña sublime,
en los ríos de angustia que surgen y estremecen
hondas y milenarias raíces sumergidas...

Estoy aquí pensando, herido por las fuerzas
angustiosas del mundo. Siento desde la sombra
venir extrañas voces: las de los viejos bárbaros
que sembraron la vida como se siembra el grano;
las de los que siguieron amaneciendo en ansias
prodigiosas y altivas; las de los que amasaron
con sangre y con angustias hondas idealidades;
las de los niños locos que pusieron su mano
temblando en cada herida; las de las fugitivas
tocadas por la gracia maternal de las viñas,
en cuyos brazos tristes, armoniosos y amados
temblara como un rayo la sonrisa del niño.

Mas de pensar en estas cosas que se han nutrido,
que han nacido a la vida llenas de fuerzas vanas,
de ansiedades y sueños, de voces ateridas,
de anhelos imposibles, de ambiciones insanas,
hay que pensar en ti, ¡oh tierra providente!
¡oh fecunda!, ¡oh lírica y entrañable quimera
que posees el don de transformar las savias,

de aniquilar al bruto, de fecundar el grano,
de modelar el busto con que se exalta un ídolo,
de aprisionar las lumbres de la sacra belleza!

Así, cuando nacimos a la luz de aquel día,
cuando vimos las gracias de la loca alquería
poblarse de nenúfares; cuando crecimos solos
al viento de la pampa, al sol de la llanura,
y amasamos con ansias sueños entumecidos,
sentimos que del fondo de tus viejos abismos,
de las raíces pródigas de encinas centenarias,
de tus frescas corrientes de susurrantes aguas,
nacía el don preciso de iluminarlo todo,
de liberarlo todo, para, con el aliento
de los verdes follajes, tejer las sementeras,
modelar el paisaje, hacer la luz que surge
temblando del cocuyo.

Nutricia y providente, sensual y acariciante,
eres, ¡oh tierra mía!, la ansiedad y la pena:
mano que llena cántaros a la orilla del río,
amor que estremecido une en fuego los seres,
pasión que arrebatada, inane e inhumana,
corta con rabia el sexo, cercena las cabezas,
y, prendida al relámpago de las fuerzas eternas,
embriaga de noblezas las caricias primeras
y se viste de armiños y borda encajes suaves
para que duerman vagos de sonrisas los niños...

Por eso, a la distancia, temblando de impaciencia,
miro que surges ávida a la luz de este día;
que te llenas de gérmenes, que te nutres de anhelos,
que tienes el futuro dormido entre las manos;
que, como en la leyenda, eres reminiscente
y al par compendias todas las fuerzas del presente.

Porque hay en ti la sabia que fecunda los frutos,
el claror de la tarde que incendia de luceros
la amplitud de la pampa, la montaña futura,

el oro de los trigos maduros del verano,
la canción de las tórtolas, de la audaz oropéndola,
el trino que se cuelga vibrando del ramaje;
y de la gracia alada con que vuelan las garzas
mutiladas, el tinte fugitivo del ocaso,
la pregunta infinita que salmodia en llamas
la pradera, la voz que irradia, la emoción que espera
y el vuelo de los pájaros nupciales...

No sé si la palabra tiene el don preciso
para decir las gracias que escondes, tierra de juventud y paraíso.
No sé si la emoción pueda encerrarte
y en voces matinales decir que estás de fiesta,
que cantan tus raudales, que extrañas voces pueblan
de alientos tus latidos, que de la amarga historia
que te envolviera en llamas sólo quedan rescoldos,
pasiones inhumanas que han de borrar sus huellas
del paisaje ambarino, para que cuelgue
en todas las casas paternales el sabor de la gracia
con que se enciende un trino.

Porque fuerzas triunfales se yerguen en la sombra:
no es Ezequiel, no Gaspar o la pálida grey
los que han de abrir los surcos olvidados,
no los Caínes locos del pasado,
que esconden la guadaña y pretenden blandirla
todavía. Son los muchachos locos los que ven tu futuro,
los que encienden las lámparas del amor, del dolor,
los que esconden el fuego de la masa olvidada,
los que ven su miseria explotada y negada,
los que saben que el mundo ha de salir del caos
para entrar en el surco de la idea fecunda.

Y así, ¡oh tierra amada!, acariciante y trémula
y violada, has de surgir curada de tus viejas heridas,
férvida entre la aurora y el ocaso,
mano que tiene bálsamos y los prodiga en vida,
sábana para el pobre que tiembla de fatiga,
lumbre para el que vive poblado de lo oscuro,

pan para el que en la sombra tiene hambre y no lo dice,
leyes para los hombres que venden su fatiga,
y a la luz de las lámparas, en la noche inhumana,
el dolor los regala con un mechón de canas.

TIERRA DE MIS MAYORES

Víctor Cáceres Lara

Morena y cálida tierra de mis mayores,
exúbera de frutos, cansada de promesas:
eres sustento de todos los afanes,
inspiración febril de toda lucha
y estandarte flamante de los sueños.

¡Cómo te has puesto con los ósculos de mayo!
¡Cuál palpita tu seno dadivoso!
¡Cómo se ensancha tu pujante entraña
y vaporiza su amoroso anhelo!
Por las tardes contemplo tus colinas,
verdes en su ascensión hacia los cielos,
como índices de esmeralda que señalan
las rutas de la lucha y las estrellas.

¡Cómo se ven tus ríos resonantes!
Corren en la amplitud de las sabanas
fertilizando el agro y dando vida
a los rebaños de las mil vacadas.
Parecen las arterias que desangran
el seno sin rival de las montañas,
y al dibujar sus curvas en los valles
simulan las serpientes que reptaron
en los cuentos lejanos de la infancia.

¡Cómo se ven tus campos prodigiosos!
Aquí el maizal arqueado por las brisas
sobre las tierras húmedas y prietas;
allí el arado que, al abrir los surcos,
prepara lecho tibio y generoso

para el resucitar de las semillas;
siempre el labriego que, en espera eterna,
hace olvido tenaz de sus fatigas
para emprender su guerra contra el hambre.

Morena y cálida tierra de mis mayores,
exúbera de frutos, cansada de promesas:
eres sustento de todos los afanes,
inspiración febril de toda lucha,
estandarte flamante de los sueños.
¡Cómo te quiero con mi amor más vasto!
¡Cómo te vivo en tu calor moreno!
¡Cómo te canto con unción de entrega!
¡Cómo te sueño en tu esplendor de gloria!
Es mi amor para ti, tierra de ensueño,
como el amor del pez para las aguas,
cual la pasión del ave por el aire,
como el soñar del preso con su pueblo.
Estás en mi poema: ¡lo presides!
Alientas en mi sangre: ¡la enardeces!
Animas mis anhelos: ¡los enciendes!
Y vives en mi aldea: ¡la iluminas!

Te sueño en tu color de arcilla virgen,
húmeda de la emoción de las lloviznas
y encendida de luz cuando te bañas
con el milagro de solares rayos.
Te sueño en la canción que da la lluvia,
mientras, entre relámpagos y truenos,
lanzas tu aroma espirituoso y dulce
para que haya diluvio de recuerdos.

Te canto con mi voz llena de arrullos,
verde y feliz cuando la hierba cubre
los flancos empinados de los cerros,
y cuando, bajo la furia del verano,
se estremece tu entraña calcinada
por la mordida cruel de los calores.

Te canto siempre con mi voz ardida
de puro amor, de anhelos de grandeza,
de sueños y de ideas que persiguen
una ruta de luz en tu futuro.

Y siempre anhelo que tu altiva gloria,
semillero de puros heroísmos,
se dilate sin fin por los espacios,
cubriendo el tiempo de sonoros himnos.

Pienso en el sacrificio de tus mártires,
en el sacro evangelio de tus santos,
en la lucha invencible de tus héroes,
en la alba nitidez de tus patriarcas
y en el empeño recio de tu pueblo
por abrirle la puerta a la esperanza.

¡Morena y cálida tierra de mis mayores,
exúbera de frutos,
cansada de promesas:
que lleguen las fecundas realidades,
que fructifiquen ya las esperanzas
y que resuene el coro de los hechos
por encima de estériles palabras!

¡OH, PATRIA ESQUIVA!

Ángela Valle

Con amorosa mano palpo tu cuerpo,
oh dulce Patria esquiva.
Tú estás amorosamente recostada
sobre mi corazón, y aviva tu amor
mi canto solitario.
Patria esquiva. Dulce tierra nativa,
aromadora de mi lar. ¡Dulcísima!
Deja que te acaricie sobre el musgo
y contemple tu forma contra el cielo,
única, agreste aún, oh Patria esquiva.

Te llamo entre la triste muchedumbre
madrugadora, atroz, semisalvaje,
hermanada al dolor y a la tortilla,
entre el maizal
y la peonada que el patrón humilla.
Te proclamo en la luz de las palabras,
en el trajín de tu gente sencilla,
en los libros abiertos y en las aulas.

VOCACIÓN DE LA PATRIA

Óscar Castañeda Batres

Para escribir tu dura geografía,
tu claroscuro de belleza y sombra,
tu paisaje y tu alma —cuerpo y vida—,
debe buscarse en tu perfil de costa
y en tu amorosa entraña —¡lejanía!—
tu verdadera vocación gloriosa.
Mostrar al hombre tu figura exacta:
la precisión de tu destino claro,
tu llanto verde y tu reír de plata.
Cómo el Guayape tiende caudas de oro
en plena superficie, porque quiere
que no horaden tu tierra y tu decoro.
Cómo han minado tu honda geografía
y tu virtud de virgen, intocada,
rudas manos extrañas, enemigas.
Cómo la ira vegetal se alza
y los ríos desbocan sus caudales,
y el murmullo del mar es amenaza
ante la mano extraña que te afrenta
y con melosas voces te seduce
mientras ciñe tu cuerpo con cadenas.
¡No desampares a tu cuerpo, Patria!
Defiende tu pudor; y sé tú misma,
con tu misma alma limpia, morazánica.

PATRIA, NOSTALGIA DEL COLOR

Jorge Federico

¡Ah! No me deis estos cipreses mustios,
estos abetos pálidos y grises,
este sol que rastrea por las hojas
y tirita sin fe sobre los líquenes.

Dadme un pinar, azulidad y flautas,
dardeando recio por los soles místicos,
un pinar de esmeralda en que se crucen,
como arcoíris, guacamayos indios.

¡Ah! No me deis los nórdicos océanos,
color de ocre al mediodía triste,
mares de luto en que la niebla arrastra
su melena de sombra por el límite.

Dadme mi mar, azul como mi cielo,
blanco de alas, púrpura de picos,
mis islas verdes, mis espumas alba,
¡dadme a Honduras, magnífica y terrible!

MI PATRIA

Antonio José Rivas

Mi patria es una rosa memorable
sorprendida en el pecho.

Siempre que la pronuncio se descubre
que le beso la frente.

Morazán la eterniza leve y alta,
pero el mar me pesa.

Mi patria es una niña que aún se busca
detrás de los espejos;

y en la baba de un pez desamorado
se resbala su nombre.

No hay manera más honda de mirarla
que perdida en mis ojos:

le oigo su lento mundo de ceniza y paz deshabitada;
un alto río irremediablemente le moja la tristeza;
la sangre se le quiebra en la cintura: mitad de la esperanza,

y es su cuerpo una alondra sollozada aunque nadie lo diga.
Mi patria es una lágrima desnuda que se esconde en los ojos.

Se diría que todas las cascadas
le han bebido la risa.

Yo ni siquiera puedo suspirarla,
porque me duele el aire.

La guardo con amor en estas letras:
¡Quiero vivir un poco!

PATRIA

Justiniano Vásquez

Cómo te quiero, Patria, cuando en la mañanita
veo trepar las rosas por el tapial bajero,
cuando en tu cielo virgen es una pequeñita
campanilla de plumas el canto del jilguero.

Te quiero y te comprendo cuando el trigal florece
bajo el aliento fresco de brisas campesinas.

Te quiero cuando el río con el invierno crece
y aroman los pinares con llanto de resinas.

Te quiero y tú me asombras cuando en la primavera
siento un impulso loco de tomar tu bandera
y por rutas mojadas con ella caminar...

Para encontrar, de pronto, tus buenos aldeanos
que al pasar nos saluden con fruición de paisanos
y comprendan que, entera, te debemos guardar.

OFRENDA LÍRICA A LA PATRIA

Justiniano Vásquez

I

Patria mía, canción de los zorzales,
te das íntegra y pura en la mirada
de los seres que amamos, y nos vales
cuando está la esperanza desolada.

Te sentimos vivir en el latido
del corazón materno, y en las sienes
de la novia te brindas sin olvido
con la azul maravilla que contienes.

Te aprendemos a amar en los amigos,
en la espiga dorada de los trigos
y en la voz inconclusa del pinar.

Tu inocencia aldeana copia el agua
y eres alma de garza en la piragua
que corre por los llanos de tu mar.

II

Nos hablas en la lengua más humana
y te escuchamos locos de armonía.
Tu bandera es un alma provinciana
y una doble ilusión de lejanía.

Revives el recuerdo de la escuela,
la infancia temporando en la alquería,
y el lucero febril que se desvela
hasta que abre sus párpados el día.

¡Salud, Patria adorada, por las bellas
muchachas de tu suelo, pues son ellas
estampas del amor y la ternura!

¡Salud, por su bondad y su belleza,
que cura nuestra fiebre de tristeza
y nos brinda un recodo de ventura!

III

La estatura del alma de tus hijos
la tiene Morazán, y el Padre Reyes
camina siempre con los pasos fijos
conduciendo el torrente de sus greyes.

Si tú puedes reír, todos sentimos
palpitar los luceros más cercanos;
si lloras, de tristeza nos morimos
y se enrosca el coraje a nuestras manos.

Porque siempre serás la prodigiosa
gacela de pupilas asombrosas
y corazón sencillo de mujer,
por quien todos sentimos hondos celos;
y si otros ojos se fijan en tus cielos,
¡hay quien ose tus glorias ofender!

UN SONETO PARA HONDURAS

David Moya Posas

Escribiré tu nombre en mi navío,
tu claro corazón inaugurado,
tu escultura de miel, tu desatado
y verde y dilatado poderío.

Navegaré la música del río
solemne de tu amor desdibujado,
para decir tu voz, tu encadenado
nombre en el pecho diurno del estío.

Enclavada en la luz que te decora
el botánico gesto, decidida
tras el cinto parlante de la aurora.

Mi garganta dirá la dividida
luna y el viento inerme de tu flora
agreste, suprahumana y perseguida.

PATRIA

David Moya Posas

Yo soñaba en la patria, desde el sueño,
y amanecía con un mínimo astro
de crepúsculos trémulos.
Y pensaba en un niño encadenado
al pie de sus recuerdos.

Rememoraba los fusiles pardos
y el ¡ay! del condenado entre la aurora
y la sangrante bota
del otoño de llama y de desvelo.

Las mujeres corrían tras los túneles
sangrantes del salitre.
La mañana juntaba los colores
fletando ciegos pasos
de temblor y sonido.

Alguien dijo: *la tierra es para ustedes*,
y levantó la voz
como quien alza un himno.
Otro dijo: *¡La patria!*
Y habló de la bandera
y pronunció los ídolos.

Y todo aquello para
ganar un alba limpia de fusiles.
Y todo aquello para
edificar la risa y las banderas.
Y todo aquello para
volver a ser lo mismo.

Y volvió lo de entonces:
la hoguera y la montaña
y la oxidada penumbra de las sílabas.
Y el ¡ay! del condenado entre la niebla
y el tambor redoblando entre los pinos.

Y yo pensaba entonces en la patria,
en la voz de sus niños,
en su batalla de ceniza y nieve,
y en el planeta sordo de su abismo.
Y pensaba en su lucha contra el viento
total de sus designios.

¡Y todo aquello para
volver a ser lo mismo!

HONDURAS

Pompeyo del Valle

Sobre esta Honduras de fusil y caza,
de asfixiado color y amarga vena,
se oye gemir el mapa de la pena
que en murallas de sal se despedaza.

Bajo esta Honduras de metal y maza,
de enterrado perfil —laurel y arena—,
como un tumulto de cuchillos suena
la atormentada sangre de la raza.

Pero otra Honduras de potente aurora,
decidida y total y vengadora,
alza la frente perseguida y bella.

Porque una tropa juvenil se agita
bajo su cielo, y en su voz gravita
el porvenir, fundado en una estrella.

TU NOMBRE, PATRIA

Pompeyo del Valle

Tu nombre, Patria, fulge entre mis manos
y por mis ojos ruedas y rezumas.
Tu cielo, con sus lágrimas y plumas,
huésped es de mis sueños soberanos.

Sobre tu territorio mis hermanos
trabajan, sufren, luchan con los pumas.
Se oye la voz del viento y las espumas.
Padecen hielos, fraguas y veranos.

Pero una luz oculta te transita
las secas venas, Madre, y el doliente
y bravo corazón. Un sol te habita.

¡Oh Patria, las entrañas soñadoras,
mientras una paloma combatiente
vuela hacia ti con alas vengadoras!

EL NOMBRE DE LA PATRIA

Óscar Acosta

Mi patria es altísima.
No puedo escribir una letra sin oír
el viento que viene de su nombre.
Su forma irregular la hace más bella,
porque dan deseos de formarla, de hacerla
como a un niño a quien se enseña a hablar,
a decir palabras tiernas y verdaderas,
a quien se le muestran los peligros del mundo.

Mi patria es altísima.
Por eso digo que su nombre se descompone
en millones de cosas para recordármela.
Lo he oído sonar en los caracoles incensantes.
Venía en los caballos y en los fuegos
que mis ojos han visto y admirado.
Lo traían las muchachas hermosas en la voz
y en una guitarra.

Mi patria es altísima.
No puedo imaginármela bajo el mar
o escondiéndose bajo su propia sombra.

Por eso digo que, más allá del hombre,
del amor que nos dan en cucharadas,
de la presencia viva del cadáver,
está ardiendo el nombre de la patria.

LA MÚSICA DEL AGUA

RÍO GRANDE

Juan Ramón Molina

A Esteban Guardiola

Sacude, amado río, tu clara cabellera,
eternamente arrulla mi nativa ribera,
ve a confundir tu risa con el rumor del mar.
Eres mi amigo. Bajo tus susurrantes frondas,
pasó mi alegre infancia, mecida por tus ondas,
tostada por tus soles, mirándote rodar...

Presa fui del ensueño. Tus guijarros brillantes
me parecían gruesos y fúlgidos diamantes
de un Visapur incógnito, de rara esplendidez;
y, en tu sonoro y límpido cristal de luna llena,
el espejo de plata de una faz de sirena
de torso femenino y apéndice de pez.

¡Oh infancia! ¡Quién te hubiera parado en tu camino!
Dueño era de la lámpara de iris de Aladino,
de su mágico anillo, de su feliz candor:
como él, tuve pirámides de gemas fabulosas,
un alcázar magnífico, mil esclavas hermosas,
y fue mi amada la hija de un gran emperador.

Mas todo fue más frágil y breve que tu espuma,
más efímero y vago que la temprana bruma
que sube de tus aguas hacia el celeste azur;
arenas confundidas en tu glacial corriente,
pájaros errabundos que buscan lentamente
las vírgenes florestas que bañas en el Sur.

Lejos de estas montañas, en un lugar distante,
soñaba con tu fresca corriente murmurante,
como en la voz armónica de una amada mujer;
con tus ceibas y amates y tus yerbas acuáticas,

con tus morenas garzas, inmóviles y hieráticas,
que duermen en tus márgenes al tibio atardecer.

Cuando volví a mirarte, el opio del hastío
me envenenaba; pero tu grato murmurío
tornó a dar a mi espíritu una sedante paz;
lavaste con tus olas sus agrias levaduras,
mi corazón llenaste de cándidas ternuras,
y una nueva sonrisa iluminó mi faz.

Amo tus grandes pozas de tonos verdioscuros,
tus grises arenales y los peñascos duros,
con los que a veces trabas una furiosa lid;
y tus abrevaderos, que cubren enramadas,
donde su sed apagan las tímidas vacadas,
como en las fuentes bíblicas el ciervo de David.

Las flores de tus ásperos y espesos matorrales,
tus islotes cubiertos de espinos y chilcales,
y los musgosos árboles que en tu margen se ven,
el gránulo de oro que en tus arenas brilla,
la raíz que, como sierpe, se sumerge en tu orilla,
la rama que te besa con rítmico vaivén.

Tus aguas salutíferas me dieron nueva vida.
Infatigable buzo, perseguí en su guarida
a la ligera nutria debajo del peñón;
crucé con fuerte brazo tus remolinos todos,
conocí los peligros que ocultan tus recodos,
y me dejé arrastrar de tu canturia al son.

A veces, en las tardes, con perezoso paso,
he seguido tus márgenes, que el sol, desde el ocaso,
dora con los destellos de su postrera luz;
presa de una profunda, tenaz melancolía,
tejiendo soñaciones de vaga poesía,
que mi Tabor ha sido, ¡pero también mi cruz!

¿Qué dicen los polífonos murmullos de tus linfas?
¿Son risas de tus náyades? ¿Son quejas de tus ninfas?
¿Pan tañe en la espesura su flauta de cristal?
Oigo suspiros suaves... gimen ocultas violas...
alguien dice mi nombre desde las claras olas,
oculto en los repliegues del líquido raudal.

¡En vano estoy inquieto, clavado en tu ribera!
No miraré, ¡oh náyade!, tu verde cabellera,
ni el jaspe de tus hombros, ni el nácar de tu tez;
sólo percibo, bajo la superficie fría,
—joyel de una cambiante y ardiente pedrería—,
cual súbito relámpago, un fugitivo pez.

De donde, en esas noches solemnemente bellas,
una por una bajan del cielo las estrellas,
medrosas, en tu tálamo de aljófar a dormir;
y cuando se despierta la virginal mañana,
vestida con su túnica magnífica de grana,
huyen a sus palacios de plata y de zafir.

En los postreros meses del tórrido verano
semejas un medroso y claudicante anciano,
de empobrecidas venas y de cascada voz;
tus árboles parecen raquíticos enfermos,
tus eras se transforman en miserables yermos,
segadas por el filo de una candente hoz.

Por todos lados hallan los encendidos ojos
lajas resplandecientes, misérrimos rastrojos
y pedregales agrios donde te encharcas tú;
duermen las lagartijas su siesta en los barrancos,
y la torcaz del monte, en los escuetos flancos,
se queja bajo un cielo de vívido tisú.

Mas ya las nubes abren sus lóbregas entrañas:
un diluvio benéfico desciende a las montañas,
cien arroyos hirvientes hasta tu cauce van;
arrastras en tu cólera los más robustos troncos,

y, sacudiendo peñas y dando gritos roncos,
pareces el hermano del hórrido huracán.

Pláceme así mirarte cuando a tu orilla acudo,
cuando me precipito —enérgico y desnudo—
en tus revueltas aguas que reventar se ven;
y aspiro de tus bosques el capitoso efluvio,
y pienso que eres una corriente del diluvio
que fragorosa bate mi palpitante sien.

Porque amo todo aquello que es grande o que es sublime:
el águila tonante, no el pájaro que gime;
el himno victorioso, no el verso femenil;
las mudas y solemnes y vastas soledades,
los lúgubres abismos, las fieras tempestades,
¡todo lo que es soberbio, grandioso o varonil!

Te amo por eso, cuando con vigorosas alas
te cruza —mientras turbio y aterrador resbalas—
lanzando gritos ásperos el martín pescador;
y, columpiando agrestes parajes nemorosos,
vas a asustar los viejos caimanes escamosos,
tendidos en la costa con plácido sopor.

Sigue rodando, oh río, por tus enormes cauces,
ve a endulzar del enorme Pacífico las fauces,
sé un manantial perenne de vida y de salud;
muy pronto iré a tu orilla, con ánimo cobarde,
bajo la paz augusta de una tranquila tarde,
a recordar mi loca y ardiente juventud.

Mañana —cuando me haga sus misteriosas señas
la muerte—, bajo un lote de cardos y de breñas,
en una humilde fosa tendré que reposar;
sin que ninguno inscriba —pues de verdad nadie ama—
sobre una piedra mísera y tosca un epigrama
piadoso, que a las gentes convide a meditar.

Pero mi oscuro nombre las aguas del olvido
no arrastrarán del todo; porque un desconocido
poeta, a mi memoria permaneciendo fiel,
recordará mis versos con noble simpatía,
mi fugitivo paso por la tierra sombría,
mi yo, compuesto extraño de azúcar, sal y hiel.

Envuelto en un solemne crepúsculo inefable,
dirá, tal vez pensando en nuestro ser variable:
«Cual nuestro patrio río, su espíritu fue así:
soberbio y apacible, terrífico o sereno,
resplandeciente de astros o túrbido de cieno,
con rápidos, y honduras, y vórtices». Tal fui.

Tal fui, porque fui hombre, ¡oh soñador ignoto,
pálido hermano mío, que en porvenir remoto
recorrerás las márgenes que mi tristeza holló!
¡Que el aire vespertino refresque tu cabeza,
la música del agua disipe tu tristeza,
y yazga eternamente, bajo la tierra, yo!

PESCA DE SIRENAS

Juan Ramón Molina

Péscame una sirena, pescador sin fortuna,
que yaces pensativo del mar junto a la orilla.
Propicio es el momento, porque la vieja luna,
como un mágico espejo, entre las olas brilla.

Han de venir hasta esta ribera, una tras una,
mostrando a flor de agua el seno sin mancilla,
y cantarán en coro, no lejos de la duna,
su canto que a los pobres marinos maravilla.

Penetra al mar entonces y coge la más bella,
con tu red envolviéndola. No escuches su querella,
que es como el llanto aleve de la mujer. El sol

la mirará mañana —entre mis brazos loca—
morir bajo el divino martirio de mi boca,
moviendo entre mis piernas su cola tornasol.

RÍO TINTO

Froylán Turcios

Bajo las penumbrosas arboledas,
sobre arenales y peñascos grises,
sus ondas de metálicos matices
rápidas corren con rumor de sedas.

Relámpagos de sangre en su corriente
se ven fulgir en la hora meridiana,
y es su raudal de un rubio opalescente
a la trémula luz de la mañana.

En su cauce relucen rojas piedras,
y en sus orillas cálidas las yedras
cuelgan airosas de las verdes ramas.

En él abrevan los feroces pumas,
y el martín pescador, en sus espumas,
pesca peces de fúlgidas escamas.

MARINA

Jerónimo J. Reina

Del fondo del ocaso ennegrecido,
surge indecisa una lejana vela:
como si huyese de su propia estela,
el barco avanza por el mar dormido.

Cae la noche rápida, y sin ruido
sobre el piélago enorme se revela,

y el ábside del cielo se constela
como un prado de lirios florecido.

Vivaz me asalta tu recuerdo. El agua,
que al soplo de las brisas se estremece,
su cadencioso ritornelo fragua.

La honda se irisa de ópalos y argentos...
y mi alma, en tanto que el ensueño crece,
¡vuela hacia ti sobre los mansos vientos!

EL RÍO EN LA LLANURA

Jerónimo J. Reina

Corre serenamente, con la dulce y tranquila
placidez con que sueñan los niños, y refleja
en su cristal pulido, magnífica pupila,
el hondo azul del cielo, la nube que se aleja.

Ora canta, y el eco de su voz cristalina
del cercano boscaje entre el rumor se esfuma.
Ora duerme, y el rayo de luz que lo ilumina
matiza con su iris su alba veste de espuma.

Corre serenamente bajo la paz solemne
de la vasta campiña, como si fuera una
vida sin turbaciones, seráfica e indemne.

Y viéndolo, me invade un afán doloroso
de ser como este río que no agita ninguna
violencia: transparente, manso y armonioso.

AVE MARÍA EN EL MAR

Rafael Heliodoro Valle/Golfo de Fonseca, 1923

«Dios te salve en la noche y el día»
le dice al crepúsculo desde la bahía
aquel faro que empieza a brillar;
y la espuma que va en las estelas:
«Dios te salve en las jarcias y velas
que van caminando en el mar».

Llena eres de gracia en las ondas,
y en las costas grises y en las aguas hondas,
y en el vuelo de aquel alcatraz.
Tú vas en el rizo de la espuma rota,
y en la nota blanca de aquella gaviota
en la sinfonía de la noche en paz.

Tu planta se posa en el lodo y en la espuma;
y en el viento de yodo se siente tu aliento de amor;
y en tu pecho yo he visto cómo arde
la estrella más dulce en la tarde,
aquella como un prendedor.

Ya la noche en las ondas se irisa,
y me riza tu mano de brisa
la melena de mi tempestad,
y me rozan tus labios sedeños,
y me arrullan los mismos ensueños
que enviaste a Colón y a Simbad.

¡Qué luceros remotos y claros
tus pupilas detrás de los faros!
Dios te salve si miras así
a aquellos que viajan y no los conoces,
y en los vendavales oyeron las voces
misteriosas que una vez oí...

Todos somos barcos que hacemos escalas,
todos somos alas
que quieren volar,
y nos encontramos con monstruos marinos
en estos caminos
tan largos y oscuros del mar.

Tus manos conducen los barcos
junto a las penínsulas y los golfos zarcos,
y tu faro no se apagará,
y mi ensueño en tu puerto se esconde,
muy triste de andar no sé dónde,
y desmantelado en el más allá.

EL LAGO DE YOJOA

Rafael Heliodoro Valle/Diciembre, 1948

En el inverosímil mediodía
que nácares y flores desbarata,
surge tu imagen de cristal y plata,
montaña azul y suave lejanía.

Antiguo amor y eterna poesía,
agua llena de sol —fuga y cantata—,
Venus en tu hermosura se retrata
inefable como una melodía.

Yo soy la voz que llega del lejano
confín para aprender el canto llano
en tu silencio puro de infinito;

voy al futuro y vengo del pasado,
y sólo con mirarte me he embriagado
de luz, como si fuera un pajarito.

MI POEMA AL RÍO ULÚA

Rubén Bermúdez

Para cantarte, ¡oh río robusto y altanero!,
yo le pondré a mi lira la gama de un cordaje
formado con la fina voluntad del acero
de que, antaño, tallaban las hachas de abordaje.

Tu recuerdo es como una perenne primavera
que el espíritu envuelve en ondas de infinito,
cuando al hostil alero de una patria extranjera
borda su azul ensueño la mente del proscrito.
Eslabón que encadenas los recuerdos del niño
a la mente del viejo de cabellos de armiño,
cuando lejos de Honduras el Destino te azota,
cantarte a ti, que tienes la bondad de una mano
que anima hacia el esfuerzo fecundo al ciudadano,
¡es misión de un poeta con alma de patriota!
Río Ulúa, serpiente voluptuosa y serena,
con tus roscas de tumbos y de espumas albeantes,
que arrastras un tesoro confundido en tu arena
robado a la molicie de las sierras distantes.
Desde las serranías de Copán y de Gracias
el territorio tajas hasta la costa en dos,
y en los valles que surcas la sed del huerto sacias,
como si obedecieras al mandato de Dios.
Tu misión es tan honda, tan atinada y fuerte,
impregnando de savias la molécula inerte,
que acaso un brusco ruido te haría vacilar;
y por eso las bestias que van por tus orillas,
y hasta las arboledas se mueven de puntillas
respetando en silencio tu ambición de triunfar.
Tú vuelcas tus caudales en las irrigaciones,
tú transportas, tú abonas, rellenando el pantano,
tú prendes la verdura sobre las plantaciones
de la hierba gigante que produce el banano.
Los celajes que bordas y las irisaciones
y el aliento materno germinal para el grano

parecen dos aspectos de las ensoñaciones
de un numen misterioso, complejo y soberano.
Tú que sabes del beso luminoso del astro,
y del goce divino de un cuerpo de alabastro,
virginal que se entrega a tu caricia fría;
tú que en tu suerte adunas lo bueno con lo bello,
la virtud de la llama y la unción del destello,
eres la quintaesencia de un trozo de poesía.

El agua, como el hombre, compendia aspiraciones:
cabalga, como la idea, sobre los vendavales;
es oleaje con alas volando en los ciclones,
o lirio adormecido en las nieves boreales.
El círculo de vida de las aguas eternas
no detiene su impulso jamás sobre la brecha;
se devana en los valles, taladra en las cavernas,
es el símbolo puro de un alma insatisfecha.
Yo no sé qué ambiciones complejas e ideales
corren entre la fuga veloz de tus cristales,
cuando tus ondas se echan por la tierra a rodar;
porque en el crudo invierno no hay cauce que te cuadre,
rompes los malecones, sales fuera de madre,
¡cobras las atrevidas insolencias del mar!
Río que transparentas una extraña sonata
de cadencias de esfuerzo con tus linfas de plata,
¡corriente que te inicias en parajes lejanos,
saltando con violencia juvenil en los llanos,
y llegas a la costa somnolienta y cansada,
como los peregrinos al fin de la jornada!
Caudal de aguas que cruzas la República entera
a pasos desiguales e inciertos de pantera:
nuevas generaciones, que hoy tiemblan en la Nada,
en tus vegas feraces alzarán su morada,
junto a la nívea garza y al ruin escarabajo,
porque tú te proclamas, de diversas maneras,
hermano de los bosques, protector de las fieras,
¡y energía en la garra del hombre de trabajo!

Tras la furia rugiente de las inundaciones,
obediente a la norma compleja de tus actos,
los restos de pretéritas civilizaciones
sacas a tus ribazos en raros artefactos.
Se pueblan los barrancos que custodian tu orilla
de raros jeroglíficos tallados en guijarro,
de utensilios antiguos formados con arcilla,
de ídolos cakchiqueles y cántaros de barro.
Muchas veces en mi alma, vacilante y desnuda,
ante tales milagros se incorpora una duda,
más allá de los vuelos de la filosofía,
porque así como engendras lagartos, tamagaces,
y tornas los estériles territorios feraces,
eres una columna para la Arqueología.
Yo canto a las palmeras enhiestas y hieráticas
que crecen en las vegas fecundas que tú bañas,
a tus pozas profundas, a tus aves acuáticas,
a la suave ternura con que peinas tus cañas;
al rumor que te anuncia cuando esbozas un salto,
al champán de la sierra que fingen tus espumas,
al brillante celaje de azur y de cobalto
que en su vuelo errabundo aprisionan tus brumas.
Pero hay algo más fuerte que en tu ser se origina,
y que, cual una savia de infinito, trajina
en el oro emblemático de los versos que acuño,
y es la huella que imprimes al niño y al anciano,
de que eres un torrente de cariño a lo humano,
¡el más grande y más noble del amado terruño!
Río Ulúa tranquilo, Amazonas pequeño,
compendio del inmenso resplandor de un ensueño,
tú que arrastras visiones del bosque y las estrellas,
e interpretas del trueno las gigantes querellas;
tú que enroscas tu cauce en eses enigmáticas
que parecen milagros de puras matemáticas;
río que, al iniciarte veloz en el riachuelo,
ya tienes generosas complacencias de abuelo:
cuéntale al vasto océano, en tu oscuro lenguaje,
lo que a tus ondas dicen la roca o el paisaje,
la inquietud pintoresca de tu errante vivir,

para que en sus entrañas se fragüen ambiciones,
se perfilen las nubes y las irisaciones,
¡y las voces proféticas de nuestro porvenir!

EL ESTERO

Manuel Luna Mejía

A la luz del crepúsculo marino,
sobre el seno luciente del estero,
mi joven corazón aventurero
siente un nuevo y romántico destino.

El carmín del instante vespertino
ondula en el acuático sendero,
mientras boga un intrépido velero

Al rumor de las ondas intranquilas
van copiando mis ávidas pupilas,
mientras alza el crepúsculo su vuelo:
el lejano vaivén de una piragua,
una escuadra de peces en el agua
y una flota de garzas en el cielo.

EL POEMA DEL RÍO

Manuel Luna Mejía

Bajo el dombo crujiente de un obscuro ramaje,
donde el viento errabundo causa leve rumor,
una aldeana, dejando sobre el césped su traje,
nos revela el misterio de sus carnes en flor.

Sólo se oye el constante juguetear del oleaje
cuando toca las aguas con su pie temblador;
mas la ingenua no sabe que, a través del boscaje,
dos pupilas la miran con afán tentador.

Hay canciones aladas en la fronda vecina,
cuando invade el remanso la selvática ondina,
que refresca sus formas de embrujante mujer;

y al sentir bajo el vientre las caricias de una ola,
se desmaya, creyendo que tal vez está sola,
mientras tiembla en sus senos el supremo placer.

EL RÍO

Céleo Murillo Soto/1949

Por la pendiente de la tarde esquiva
pasa el río lamiendo la vereda;
y es milagro su música de seda
y voz que canta su alma pensativa.

El sol deja caer su sorpresiva
catarata de luz en la arboleda,
y en las lianas el agua desenreda
salmos de amor y lágrimas furtivas.

Todo es pasión de cauce y de ramaje:
el viento que susurra, el agua, el viaje,
la linfa transparente y encendida.

Y en la pulpa del agua nacarada,
¡oh carne, oh ser sensual en la alborada!,
eres la llama eterna de la vida.

MIENTRAS LA LLUVIA CAE

Céleo Murillo Soto/1° de junio de 1958

Llueve sobre la tierra, dulce, lánguidamente.
Oigo el suave tintinear de las gotas de agua
sobre el tejado de mi casa, sobre la calle,

y pienso en la intensa paz de la noche
y en los secretos escondidos de la almohada.

Esta noche, la lluvia golpea los cristales,
los claros cristales de mis sueños,
y una salmodia azul, no imaginada, nunca oída,
crea la dulce fecundadora.

Llueve sobre la tierra, sedienta, como yo, como tú,
y en el cristal pulido de la brisa
las gotas de lluvia tejen una red milagrosa.

Esta noche la lluvia tiene profundos secretos
que decirme.

Pero su gotear lento, cadencioso, sobre los árboles,
es como un surtidor de trinos
surgiendo de la cristalina guirnalda del cielo.

Esta noche, la lluvia es como una amante;
cae sobre las hojas verdes y lustrosas,
cae sobre los troncos ásperos y rugosos,
y los abraza y los estrecha contra su corazón,
contra su corazón lacustre, fluvial, marino,
y los acaricia y los envuelve en su suave ternura.

Esta noche la lluvia acaricia las hojas
y las humedece para que el sol, mañana,
áureo amante de soledad y de silencio,
las exprima contra su corazón de fuego y de oro.

Las gotas caen, ahora, lentas y suaves,
sobre las tiernas corolas de los rosales imaginarios,
soñados y sembrados con mano amorosa.
Estas rosas ya no son mías: son tuyas,
y esta lluvia que nubla sus suaves colores
es tuya también, porque te dice cosas mías
y cosas secretas de las rosas que yo sembré
en silencio.

Sobre el laurel, el amado laurel victorioso,
la fluvial amante deja caer su blanco velo
en el verde y oro de las hojas,
y le cuenta secretos triunfos, remotas victorias,
y le entreabre el palacio de cristal de la gloria,
amada y soñada.

Geranios y margaritas ignoran que los dulces dedos
de la lluvia ponen en sus suaves pétalos
raro perfume que enajena
y belleza incomparable que obsede...
Y el naranjo y la pequeña limonaria sembrada
con amor imperecedero por mí, en horas de tormenta,
sienten correr la vida pródiga y sutil por las venas...

¡Qué amada más rara es la lluvia! Esta noche
no me desvela. La siento caer como si sintiera
las manos bienhechoras de un hada,
y su suave y sutil sonido
es como si sonara una lejana campana melódica
con un acento hipnótico y consolador.

Esta noche la lluvia no tiene secretos:
es como la voz del pueblo, alborozada y crepitante.
Su constante fluir, su alegre decir,
trae una dulce consolación
y una enternecedora promesa.

Ella me habla de la tierra fecunda
y de los surcos recién abiertos.
La flor ignota y el árbol solo
cobran en sus labios embriagadores acentos,
añoranzas y evocaciones remotas.
Porque la pálida viajera esta noche no duerme,
pero hace dormir a los sedientos,
a los que han hambre de pan, de amor y de vino.

Yo la siento y le agradezco el don de sus manos
y el arcano sentido de su caricia,

y pienso en el valor del fruto que perdura,
del tronco que crece vigoroso y cimbreante,
del surco que humedece su flor para la siembra pródiga,
del jardín solitario que calcinó el verano
y que ahora, bajo la mano milagrosa,
renacerá y se dará en la flor celeste.

Esta noche la lluvia no sabe que,
transido por sueños imposibles, me preparo
para la siembra de mi mejor esperanza,
y lanzo mis redes al viento y a la noche sola,
para aprisionar su música, su cristalina canción,
su suave sonata de amor y de olvido.

EL RÍO

Filadelfo Suazo

El río iba de prisa, camino hacia la nada.
Se había vuelto el agua color de noche huérfana,
y la estrella veíase con un temblor de angustia
en el espejo oscuro.

Verdes móviles chopos iban atestiguando
el paso de la luna, filtrándose en sus dedos
de largas ramas hondas.

Ni un nido entre las hojas,
sobre las sienes nuevas del poeta pensativo:
corona de silencio.

De pronto, tu presencia rompió todo el mutismo,
cual una maravilla de sorpresa encendida,
y hubo paz en la noche
sobre el verdor del valle.

El río se hizo espejo,
limpio, claro y sereno.
Espejo vertical hacia el destino.

AL RÍO TALGUA

Pompeyo del Valle

Muy buenos días, Talgua, joven río,
río nupcial en donde la alborada
todos los días juega con el agua.
Río sutil, en cuyas finas ondas
la luz de Olancho sueña los navales
violines que te hablan de azahares.

Río de Honduras, río de la patria,
niño fluvial —pastor y marinero—,
hoy desembocas en mi pensamiento.

Dime qué sientes, dime, cuando el céfiro
riza tus ondas y en las madrugadas
te llenas de caderas de muchachas.

Americana también tienes el alma,
como mi andina estirpe, mi linaje
de capitanes indios, río Talgua.

Como tus aguas, río, enamoradas
tengo las sienes, tengo las canciones
que en los pinares nacen hacia el alba.

Muy buenos días, río, no te olvides
que un día en que olvidé yo mis dolores
canté tus ondas plácidas y libres.

BESTIARIO

LOS VENADOS

Froylán Turcios

Oculto entre los pardos pajonales,
ebrio de sol y la escopeta al hombro,
vi de improviso, con alegre asombro,
dos venados surgir de los maizales.

Con el ojo encendido y la lustrosa
piel, y las agudas ramazones de los cuernos,
la cola temblorosa y los ágiles cascos retozones,

acercarse los vi, libres de alarma,
mordiendo las mazorcas tempraneras.
En silencio fugaz requerí el arma,

del más joven tumbé los cuernos altos,
mientras el otro se sumió en las eras
de tres nerviosos y terribles saltos.

LOS ALCARAVANES

Froylán Turcios

Vuelan sobre el verdor de la sabana
con torpes alas que el cansancio oprime,
mientras el viento de la tarde gime
y el sol tramonta en la extensión lejana.

Persiguen sin cesar a la indefensa
culebra que se oculta en los gramales,
o inmóviles calientan los nidales
en un rincón de la llanura inmensa.

Del espeso follaje en la verdura
juntos dormitan en la noche oscura
del cruel invierno, en las glaciales horas;

y al fulgor de las lunas del verano
perturban, anunciando las auroras,
sus roncos gritos la quietud del llano.

EL ALCARAVÁN DEL PATIO

Rafael Heliodoro Valle

Para Azarías H. Pallais

Cuando sibilinos
cuentan los abuelos
cuentos de caminos,
y para otros cielos
las nubes se van,
el patio se asombra
y se pone serio
si cruza la sombra
llena de misterio
del alcaraván.

Si en el vecindario
—pues es necesario
que hablen a hurtadillas
por el qué dirán—,
pone temblorosas
hasta las estrellas
con sus rumorosas
onomatopeyas
el alcaraván.

Cuando algún viajero
de hora legendaria
implora un alero,
una luminaria
o un poco de pan,
y la sombra es mucha
en la noche fría,
de pronto se escucha

la vocinglería
del alcaraván.

Si acaso atenúa
con sus finos chales
alguna garúa
los cañaverales
que cubren el plan,
y moja la brisa
el patio, y lo orea,
cuál se inmoviliza
como ante una idea
el alcaraván.

Por sus esbelteces,
aunque sienta frío,
me parece a veces
el dios del hastío
con ojos que están
áureos de belleza
que pasma y contrista...
¡Qué altivez la de esa
tristeza de artista
del alcaraván!

Cuando ante una tea
hay sombras extrañas
y relampaguea
sobre las montañas
que en fuga se van,
y el viento de afuera
mueve las cortinas,
como en primavera
duerme entre neblinas
el alcaraván.

«¡Dios fuerte!» «¡Dios santo!»
Y se hacen de cruces
mirando el espanto;

se apagan las luces
y todos están
temblorosamente...
La gente azorada
oye de repente
la voz prolongada
del alcaraván.

Otras ocasiones
—las más peregrinas—,
llegan los ladrones
a buscar gallinas
con siniestro afán,
y en la sombra parda
los espanta a gritos,
y los acobarda
con sus gorgoritos
el alcaraván.

Yo lo reverencio
en estas hermosas
noches; su silencio
es el de las cosas
que quietas están...
Muerte: si agonizo
de noche, yo quiero
que me dé tu aviso
el canto agorero
del alcaraván.

DANZA DE PAVO REAL

Jorge Federico

Por el azul del cuello pasó como relámpago,
decidido y vehemente, el deseo de amar;
fulgieron en el viento las claras esmeraldas
sobre la testa bárbara de monarca oriental.

En una marejada de joyas rutilantes
se echó sobre los hombros el abanico astral,
el ritmo de las selvas, acompasado y lánguido,
se le enredó en las alas cuando empezó a bailar.

El sol besó los oros colgantes de las barbas,
los cien ojos sublimes, como cien alabardas
en una sola mano, temblaron al igual.

Fingieron clarinada los pavos reales blancos,
y la hembra extasiada le revisó los flancos,
hundiendo en pedrería su pico de cristal.

BUCHE NEGRO

Jorge Federico/14 de septiembre de 1947

¡Buche negro! ¡Magnífico! ¿Te acuerdas, buche negro,
que tenías el cuerpo como estatua de sal?
Y en el buche lucían, luminosas, perversas,
las plumas de obsidiana con algo de metal.

Tus ojos de rubíes brillaban comprensivos,
tus pies eran divinos fragmentos de coral,
y cuando por el aire te venías sin ruido,
con las alas inmóviles, eras barco en el mar...

¿Te acuerdas, buche negro, que nunca hiciste nido?
Tu vida era un constante cantar y enamorar,
en los días azules te aplaudías tú mismo
volando desde el rojo tejado al palomar.

Y las hembras sumisas se esponjaban al verte
cabalgar sobre el viento con tu ritmo marcial;
¡no se escapó ninguna!, todas fueron cubiertas
al influjo sonoro de tu voz de timbal.

Tu voz era la llave, tu voz de caracola
soplaba por los vientos pequeñitos del mar,

en tu menudo cuerpo Dios gritaba en las olas
su grito primitivo... ¡amar, por siempre amar!

Pequeño buche negro que nunca hiciste nido,
un día sin retorno te dejé de escuchar
llamar a la imposible que tú hubieras querido
con aquella tristura de tu voz de timbal.

Te habrás ido por esas colonias de palomas
que arrullan en las tardes alguna catedral,
y en tu peregrinaje por plazas y mercados
el trigo del sustento lo tendrás que robar.

Pero tu alma y mi alma no pararán en eso;
nuestra vida es la misma: cantar y enamorar,
con los ojos prendidos en el ancla imposible
de la que nunca llega para hacerle el nidal.

LUCIÉRNAGAS

Jorge Federico

¿Te acuerdas de las tardes en el Hato de Enmedio,
aquellas tardes claras en que te di mi amor?
Tenían los maizales un halo de misterio
que flotaba en el polen bajo la luz del sol;

urgíamos retorno y el día, sin remedio,
moría en las montañas con languidez azul;
la estrella de tus sueños, sobre el silente predio,
como una rosa mística soñaba beatitud.

Manos de campesinos hacían la fogata,
tenías los cabellos undosos y era grata
tu presencia querida por el jardín en sombras;
prendían las luciérnagas en la noche tranquila,
y cruzando remansos de pedrería viva,
paseábamos en éxtasis debajo de las frondas.

Paseábamos en éxtasis... aún ahora que el tiempo
va borrando la grata sensación de esos días,
recorre tu figura la bruma del recuerdo
y siento tus sonrisas palpitar en las mías;

puedo mirar tus ojos, aquella forma lenta
de cerrarse al conjuro de los besos que ardían,
oír tu voz amada, tu voz como la tersa
canción de los zorzales perdidos en la umbría.

Aun ahora que el tiempo va borrándolo todo,
ahora que los años sollozan, que no hay modo
de volver hasta entonces y renacer la alegría,
cuando invaden las sombras mi cansancio de siempre,
se evaden imposibles, y del soñar desciendes
rodeada de luciérnagas hasta la vida mía.

LAS GUARAS

Jorge Federico

Rojo, amarillo, azul,
como banderas ondeantes bajo el sol,
pasan las guaras, arco iris al viento
en la dorada verdura del pinar que reverbera.

Uniforme de púrpura y hombreras
en oro reluciente cinceladas,
de un azul inefable galonadas
y del amor eterno mensajeras.

Siempre de dos en dos, siempre amorosas,
ya muerto el sol sobre las cumbres rosas,
cruzan el valle hacia la serranía;

y son, en los crepúsculos violeta,
hacia la luna, amantes en secreta,
fantástica y sublime romería.

REGRESO AL PRIMER VERDE

A UN PINO

Juan Ramón Molina

¡Oh pino, oh viejo pino de mi tierra,
que del monte en la cima culminante,
alzas tu copa rumososa y verde,
meciéndote al impulso de los aires!

¿Cuántos años hará que no se atreven
los rayos de las nubes a tocarte,
como a los compañeros de tu infancia
que calcinados en el suelo yacen?

Ellos —en una noche tenebrosa,
preñada de terribles tempestades—
alumbraron, ardiendo como teas,
la montaña y las sombras insondables.

Cruzaban mil relámpagos el cielo,
como rojas culebras deslumbrantes;
todos los vientos en tropel rugían
como las fieras cuando tienen hambre.

Las negras cataratas de los cielos
dieron suelta a sus líquidos raudales,
y los profundos y espumosos ríos
se desbordaron por las anchas márgenes.

Las rudas alimañas de los bosques
huyeron a la cueva a refugiarse,
y el hombre mismo se entregó al espanto
bajo el techo que cubre sus hogares.

Al descorrer la aurora en el oriente
de su balcón los rojos cortinajes,
vio que los pinos que a tu lado estaban
no eran más que pavesas humeantes.

Mientras que tú, de la mortal catástrofe
testigo fiel, erguido te quedaste,
lleno de savia y robustez y vida,
bañado por las luces matinales.

Más adherido a la infecunda roca
con la invencible garra de tus raíces,
cual si te hubiese vuelto aquella prueba
más fuerte, más viril y más pujante.

Te han visto así los soles y los años
sin que su huella en tu corteza graben;
te conocen las lluvias y los vientos,
las nubes y los pobres caminantes.

Viajero por los montes hondureños,
erizado de escuetos peñascales,
muerto de sed y de cansancio, un día
me recosté al frescor de tu follaje.

En tanto, libre del poder del freno
y el agudo espolón del acicate,
mi hambriento potro alrededor pacía
la verde yerba que a tus plantas nace.

Una corriente cristalina y pura,
que los declives que te cercan lame,
iba de precipicio en precipicio,
como buscando en las cañadas cauce.

Llevando el seco polvo de las cumbres,
los agrestes aromas de los valles,
un rumoroso y gemebundo viento
pasaba desgarrando tu ramaje.

Así —apoyada a tu robusto tronco
la sudorosa sien— me halló la tarde:
náufrago de mis contrarios pensamientos,
perdido en las inmensas soledades.

Pensé en la triste suerte de mi patria,
víctima eterna de la ley del sable,
en el destino que me guarda el hado,
en el hogar y en mis humildes padres.

Vertí con pena una rebelde lágrima,
condensación de todos mis pesares,
sin más testigos que el inmóvil bruto
y un solitario gavilán errante.

Después, grabando en tu áspera corteza
con un puñal mis letras iniciales,
bajé por las pendientes pedregosas
batiendo del caballo los ijares.

Los tiempos han corrido desde entonces
raudos sobre los dos, pero ¡quién sabe
si te levantes más altivo y joven
que aquella vez que sombra me brindaste!

No como tu cantor, que en la mañana
de su existir empieza a doblegarse
al soplo de los vientos de la vida,
sin fuerzas, sin amor, sin ideales.

El cielo quiera que otra vez te mire
sobre las altas cimas de mis Andes;
que, apoyada en tu tronco, mi cabeza
de las fatigas y del sol descanse.

Y que si acaso el leñador un día
el hacha férrea para herirte blande,
vayas a ser en la pajiza choza
lumbre que alegre su feliz semblante.

Cubran tus hojas, como alfombra verde,
los atrios y las plazas y las calles;
o, convertido en asta, en un extremo
que flote de mi patria el estandarte.

No te conviertan las civiles luchas
en antorcha que incendie las ciudades,
ilumine matanzas fratricidas,
lívidos charcos de hondureña sangre.

Mas si el hombre y los rayos te respetan,
si el huracán sañudo no te abate,
quiero, al morir, que te derriben, ¡oh árbol!,
y que la sierra te divida en partes.

Que me construyan con tus pobres tablas
el ataúd donde mis huesos guarden,
y con tus ramas una cruz humilde
donde se posen a cantar las aves.

NOSTALGIA

Juan Ramón Molina

¡Oh bosques silenciosos y salvajes,
en los que, armado de la elástica honda,
seguido de mis locos compañeros,
penetré audaz, y de la fresca copa
de los árboles hice, con mi tiro,
caer a las selváticas palomas,
entre aleteos raudos y convulsos
y una explosión de plumas y de hojas!

¡Oh patrio río, a cuya margen húmeda
crecen las ceibas y los lirios brotan,
que vi correr mientras tendido estaba
sobre el áspero dorso de una roca;
o que, incansable y sin temor, partía
nadando de una orilla hasta la otra,
en tanto que la turba de los niños
gritos lanzaba en la revuelta poza!

Inmensos llanos de fragante grama,
que un sol canicular tuesta y agosta,

donde pasé, cogiendo florecillas,
dulces instantes de mi infancia loca.
¡Monte florido, que a su falda agreste,
atada con las lianas trepadoras,
se alza una cruz, en la que puse un día
ramos de pino y rústicas coronas!

¡Humilde cementerio donde yacen,
bajo modestas y olvidadas fosas,
muchos que me quisieron en un tiempo
y que olvidó hace tiempo mi memoria:
seres queridos que sin penas duermen
de los árboles viejos a la sombra,
sin que una mano adorne sus sepulcros,
que la lluvia y los vientos desmoronan!

¡Hogar, pequeño hogar de mis abuelos,
donde en modesta y reducida alcoba
abrí los ojos a la luz del día
y el pulmón a las auras bienhechoras;
donde me espera con amantes brazos,
para estrecharme delirante y loca,
la noble madre que me dio la suerte
para consuelo de mi vida toda!

De vosotros, boscajes silenciosos,
llanos que el sol canicular agosta,
monte aromado y turbulento río,
yo tengo la nostalgia abrumadora.
¡Quiera Dios que en los brazos de mi madre
muera al fin, y me entierren en la fosa
que abran bajo los pinos hondureños,
en las entrañas de una enorme roca!

LOS COYOLARES

Froylán Turcios

En los fértiles bosques olanchanos,
peinados por el céfiro sonoro,
muestran —en la aridez de los veranos—
los coyolares sus racimos de oro.

Erizados de fúlgidas espinas,
abren al sol sus palmas de verdores,
desgranando, en las horas vespertinas,
lluvias ligeras de fragantes flores.

Con el hacha vibrante el hombre arroja
al vegetal sobre la pura tierra;
de inútiles ramajes le despoja,
y en él una oquedad abre su daga.

Y el delicioso líquido que encierra
con dulce ardor su corazón embriaga.

EL ALMENDRO DEL PATIO

Alfonso Guillén Zelaya

El almendro del patio ya tiene muchos siglos
y no se ha vuelto viejo;
más bien hace unos años echó una nueva rama
y se ofreció más verde, y se ofreció más joven.

Tiene un hueco en el tronco, que es asilo de hormigas,
y unas pocas raíces salidas de la tierra.
Sea rudo el verano y agresivo el invierno,
pobre la primavera o perverso el otoño,
al almendro del patio, a pesar de sus siglos,
no le faltan los frutos y está siempre con flores.

Un tiempo las gallinas durmieron en sus ramas,
mas después creció otro árbol y hacia aquel emigraron.
Yo jamás viera un nido trabajado en su fronda,
ni en los demás almendros lo he sorprendido nunca:
¿por qué no harán los pájaros nidos en los almendros?

Cuando yo era muchacho, a su pie apacentaban
los asnos de la casa, la dicha de su pienso
y el goce del descanso; jugaron mis hermanas
y el belicoso abuelo hacía al aire libre,
con sencillez antigua, sus siestas invariables.

Los pequeños amigos del barrio y de la escuela
llegaban de continuo a llenarse de frutos;
algunos ascendían presurosos al árbol
y otros lo apedreaban; pero todos volvían
satisfechos y alegres, sin oír la protesta
del almendro del patio.

Yo en su fronda fui niño y acaso seré hombre
¡la mañana y la tarde! Yo en él soñé en la novia
y me volví hacia Dios. Él me enseñó a ser bueno:
¿y quién no ha sido bueno debajo de los árboles?

En mis sueños lejanos de pequeño, desnudo,
todo mi cuerpecito tierno y acariciante,
gustaba de abrazarlo debajo de las lluvias
para sentir el goce del agua descendiendo
por los muslos ingenuos; para pegar los labios
a la áspera corteza y sorber la frescura;
para quererlo como al calor de mi madre
en las noches de miedo; para sentirlo bueno con ella,
cada vez que me besaba mucho porque me hiciera humilde,
respetase a los viejos,
y aprendiera a querer la olorosa ternura
de los rezos cristianos.

Otras veces corría llevando de la mesa
mi grata provisión de bananos y leche,

y con mis tres hermanos comíamos en círculo,
sonrientes, a su sombra.

Aquel árbol del patio sólo hablaba conmigo:
me contó los desfiles ilusorios del tiempo,
la salud de la tierra y el culto de las aguas,
la impiedad de las hachas y el espanto de la horca,
el calor de unos brazos, el pecado del justo
y el huir de un fugitivo debajo de la noche.

Me reveló el misterio
de hacerse campesino, a pesar de la sangre señorial de la herencia;
y me habló de la música
y el sagrado perfume que lleva el aparente
silencio de la piedra; pudo decirme todo
lo que vieran sus flores, bebieran sus raíces
y aspiraran sus hojas cuando integraba el bosque;
pero nada me dijo del grano insospechado
que lo elevó a la vida para guardarse verde
y vivir siempre joven.

Esa voz la oyó acaso alguno en mi ascendencia,
alguno que llevaba, como yo, una llanura
o una selva en el alma; alguno que sentía,
como yo, esa inconsciencia de correr como arroyo,
de nacer en el surco o ser astro en la sombra;
alguno que sabía disolverse en rocío
y amasarse en ungüento cuando hallaba una herida
o una boca sedienta.

¡Viejo almendro del patio, quién supiera
qué mano fallida te sembrara! ¡Quién me diera tu ciencia,
la ciencia de estar siempre en fruto florecido!

EN EL PINAR

Alma Fiori/Valle de Ángeles, Primavera, 1927

Camina mi caballo por la alfombra rojiza
del pino que ha caído; y es tan suave su andar
que no se oye más ruido que el soplo de la brisa,
que el quejido del viento, el canto del pinar.

Deleite indefinible por mi alma se desliza,
un placer infinito, una ansia de cantar;
soy un ser que de pronto un ensueño realiza,
y siente que ha encontrado adonde descansar.

Los pinos me rodean; respiro un aire puro,
me olvido del pasado, no pienso en el futuro
y solamente vivo el momento de ilusión

en que mi alma penetra al valle del olvido.
No sé si tuve un sueño, no sé si lo he perdido,
ni sé —¡oh divino instante!— si tengo corazón.

EL TAMARINDO DEL COLEGIO

En memoria de don José Sarmiento,
maestro en ciencias de la Naturaleza

Después de larga ausencia,
en que el recuerdo, como un martillo,
me golpeaba a diario,
invitando al retorno presuroso,
he vuelto a las colinas matinales.

Ah, dulce adolescencia, veo a Manuel
con su libro de siempre; a Federico
en brioso potro. Cuando llego al parque
se reaparecen mis lunarias novias.

Y sin tardar, con instintivo impulso,
visito al tamarindo del colegio.

Está lo mismo...
Poco a poco ha cambiado en su conjunto prócer:
tronco rugoso, de sombrío follaje,
lleno de flores, próximo a dar frutos,
para ofrecer regalos agridulces
a la traviesa muchachada de hoy.

Este es el árbol
que aquella juventud de fin de siglo
quiso tomar de punto de partida
espiritual en prestigiadas rutas,
y que partió en tropa bullanguera
a lides de fracaso y de victoria.

Este es el tamarindo
que fue amigo del grupo escandaloso
de mi generación; que daba ¡vivas!
al general Sandino; daba ¡mueras!
a los marinos yanquis, y aclamaba
el reto de Darío en la *Oda a Roosevelt*.

Guardo silencio,
un zodiacal minuto...
Y, de pronto, maestro esclarecido,
me invita al verso, al lírico saludo
de escogidas imágenes nativas,
sin darse cuenta que en mi sangre hierve
un delirio de estrofas caudalosas.

II

Es viejo el tamarindo del colegio;
por viejo sabe más que los archivos.
Pero nadie le arranca el testimonio
de antañonas tragedias regionales:
incestos, adulterios, homicidios
por herencias de tierras y ganados...

Y a quien le hace preguntas atrevidas,
recurre al viento para replicarle
con las voces de un himno que se encumbra
a la luz del cenit, alma del día.

A nadie ha dicho
que vio pasar al blanco misionero
anunciando un horrible Apocalipsis:
el hambre en las aldeas, y la guerra
de casa a casa, y la implacable peste
en las comarcas, y, por fin, la Muerte.

A nadie cuenta
que en la guerra social contra los diezmos
y las primicias del sesenta y cinco,
en medio del horror de la ahorcancina,
colgaron de sus ramas, con "bejucos
de corral", numerosos campesinos.

Menos revela
que vio un día pasar a Cinchonero
en una yegua negra, asustadiza;
al bandido en las gacetas oficiales;
al héroe en la leyenda de los llanos,
narrada siempre en torno a las fogatas.

Nadie le arranca la extraña relación
de aquel hidalgo que pidió esposa,
resultó su hermana;
desesperado descendió a los vicios;
penitente fue a Roma y, de regreso,
alcanzó jerarquías obispales.

Mejor que sea así...
Que viva el tamarindo del colegio
en el silencio oscuro del *Asvata*,
árbol cósmico de la India fabulosa,
alimentado de limos del abismo
y florecido de astros infinitos.

<h1 style="text-align:center">III</h1>

Quienes fuimos y seguiremos siendo
afirmativos, en escuadrón de *Ilíada*,
con el auxilio de este tamarindo,
sabio como Quirón, aquí aprendimos
a amar el Cosmos, la vida multilátera,
la sociedad pugnante, el pensamiento
seleccionado, el ideal contemporáneo,
la acción creadora... Aquí nos inspiramos,
después nos despedimos entusiastas
para seguir sembrando el optimismo.

¿A qué buscar sistemas filosóficos
en los confines, en vuelos atrevidos,
tocando ínsulas, buscando continentes,
donde hay sabios como constelaciones...?

Aquí Domínguez recordó a Lucrecio
en el prodigio del *Himno a la Materia*,
donde los cóndores de sus endecasílabos
dan fe de lo infinito y de lo eterno...
Y así la juventud halló el secreto
de la objetiva verdad del Universo.

¿A qué buscar doctrinas sociológicas
que impresionen por el atrevimiento
de sus nociones reales o ficticias
sobre el género humano, en viaje siempre...?

Aquí Guillén Zelaya, augur y artista,
en *La Espiral de la Historia*, dejó dicho
que es el lucro el que engendra la discordia
y la funesta guerra de exterminio;
pero que un día acabará ese daño,
llegando a ser la Humanidad feliz.

¿A qué buscar el numen que estimule
la voluntad en otras latitudes,

si arriba alumbran las estrellas mayas
y abajo están los muertos inmortales...?

Aquí Turcios, poeta en prosa heroica,
con grito propio de jinetes ásperos,
vivió exigiendo a la América Latina
acción conjunta, fuego endemoniado,
hasta abatir el coloniaje impuesto
por el imperio del dólar y el garrote.

He de agregar: la poesía es captación
de la belleza real de cuanto existe,
en órfico movimiento permanente,
expresada en lenguaje esclarecido,
en polo opuesto a la fealdad profusa.
Ellos cantaron las formas, las esencias
de cuanto vuela en los días, en las noches.
Ellos, como los dioses, castigaron
a aquellos que traicionaron la Cadencia...
Ellos son los mentores... Alegrémonos
por conocer el arte de los rumbos.

IV

Amado tamarindo del colegio,
que la salud te asista a toda hora
bajo este sol de alegre luz nativa,
sobre esta tierra de corrientes lácteas.

Necesario es que existas largamente,
con tus cofres colmados de secretos
regionales que valen más que el oro.
Preciso es que domines los centenios,
Demócrito vegetal, maestro silente,
en medio de juventudes renovadas.

Debes llegar, sin pactos como Fausto,
a firme duración de largas épocas,
para ver sociedades superadas.

PINOS DE HONDURAS

Jacobo Cárcamo

En los más agresivos litorales...
allí donde las cumbres horadan firmamentos...
allí donde las rocas se orillan de cenit...
donde las aves bordean astros,
y el césped y el rocío
y todo un film de flores y dolores
deambulan por los senos de la nube,
allí enarbolan su virtud los pinos.
Pinos de Honduras...
bayonetas sonoras...
pagodas de zafiros...
capitanes de cordilleras,
con uniformes de tempestades
y con relámpagos por charreteras.
Si un niño es un arbusto vagabundo...
si una madre es ceiba de sangre
vuelta lluvia de luna sobre el mundo...
si en cada hombre hay un poco de árbol,
por las venas de cada hondureño
discurre un mar de pinos sin segundo.
Es sudor campesino la savia de los pinos...
se anuncia la mujer en sus piñones...
arden sentencias mayas en su escamoso tronco...
es un incienso laico su resina,
y son remedos de flechas remotas
los verdes alfileres de sus hojas.
Pinos de Honduras...
teponaxtlis de luz...
cuando la noche adensa sus crayones
y mete su cuchilla en las cabañas...
cuando hasta la montaña se recoge
bajo un cielo de turbios pabellones,
en terrenal tapete de terrones
y entre vientos de cobre,
abre su antigua lámpara el ocote.

En el vértice cívico...
en el pináculo septembrino,
pleno el aire de himnos y la tierra de niños,
el alma está presente como el pino.
Y así también, cuando la mano
sórdida, sanguinaria... sombría,
viola al jazmín y decapita al trino,
entonces, con el agua hasta el designio
y los poros abiertos en historia,
junto a la piel del pino escucha el indio.
Él descifra botánicos infolios...
él sabe el pensamiento de los árboles,
como conoce el pino la raíz de los hombres.
Pinos de Honduras...
que en veranos de ópalo
y frente a gobelinos de arco iris,
extienden por los cerros sus cámaras de hojas...
erigen en la brisa castillos de fragancias,
y alargan sus rumores...
¡Perfumes musicados... sinfónicas de olores!
Si en la tarde plagada de revólveres,
frente al panorama gris de buitres
y ante la sombra de la bota empírica...
si cuando nos cubren capuces de exilio,
o se nos va el laurel,
o nos tajan letales destinos,
¡pudiéramos llevarnos nuestros pinos!
Si en nuestros afanes tutelares
fuéramos como el rayo
que se resuelve en lumbre
para condecorarse de pinares.
Pinos de Honduras...
con mucho de escudo y de bandera...
marsellesas cilíndricas...
verticales caminos...
pirámides de índigo...
¡Brazos verdes de indios oprimidos,
que entre pinares nacen... y mueren viendo pinos!

BRASSAVOLA

Jorge Federico

Yo te conozco, pálida en la atmósfera
de esta Honduras feraz de poesía,
sostenida en el aire por la luna
de largos dedos finos,
por la luna y el aire que te quieren
y te rodean y te ciñen
en las cálidas noches de mi tierra
grande de amor, feraz de poesía.

Yo te conozco, inmóvil en tu vuelo
que finge rapto de extasiada virgen,
tu vuelo detenido en la penumbra
de árbol y selva: tu santuario vivo;
vuelo de virgen novia, así te llamo,
blanca virgen, paloma, luz, orquídea,
tu dulce vuelo detenido en sombra
como una clara anunciación del día.

Brassavola: ¿Qué abejas te fecundan
sin mancillar tu doncellez dormida?
¿Quién te llenó de plata los cabellos
de ese pétalo sexo que te anima?
¿Quién te mantiene intacta como muestra
de una pureza que tal vez no existe?
¿Quién te enjuga las lágrimas, si ruedan,
antes de mancillar tu cutis niño?

Yo sé que tus raíces son serpientes
enlazadas al tronco en que palpitan,
tentáculos del mal son tus raíces
ávidas de oprimir en su lascivia;
tu tallo es carne, y carne son tus hojas,
verde carne sin fe que ama la vida,
y tú surges del mal como suave
transfigurada evocación de espíritu.

Brassavola: ¿Qué gnomos en la noche
te vienen a bailar para que olvides,
mientras sigues el ritmo y ya no piensas
en el deseo, el llanto y la partida?
¿Qué gnomos te destierran pesadumbres
para que no te manchen, alba esquiva,
mientras en derredor de tu blancura
todo fermenta en sangre y agonía?

Yo quiero que te prendan al escudo
de esta tierra de amor que te cobija,
para que le compartas el milagro
inmarcesible de tu fe adquirida,
para que le transmitas, flor amable,
blanca virgen, paloma, luz, orquídea,
el valor de tu sueño entre las sombras,
desnuda muestra de tu valentía.

Brassavola: ¡Qué llanto en tus entrañas
antes de ser así: tranquila y limpia!

EL PINO DE MI PUEBLO

Jaime Fontana/1945

I

Un verde alcor sobre el macizo andino;
sobre el alcor, granítico peñón;
sobre el peñón, un solitario pino;
sobre el pino... su sueño de ascensión.

Cuando el pueblo tirita entre la suave
neblina, cual friolento caracol,
índice audaz, el pino es una grave
acusación al negligente sol.

Y en el estío, cuando el triste ruego
de los campos llagados por el fuego
hasta su plinto de granito sube,

el providente pino de mi sierra
mata la sed de la abrasada tierra,
abriéndole goteras a la nube.

II

Dios vegetal, barbado de esperanza,
nervio y raíz del solariego rito,
en ti la savia de mi suelo alcanza
la geometría funcional del grito.

Eje del viento. Elevas tu osadía
hasta indicar su ruta a la centella;
áncora verde con que el monte ansía
atracar en la rada de una estrella.

Sigue subiendo entre el azul, erguido,
que ni las llamas te verán vencido
ni el huracán te infligirá desmayo,
ni el hacha artera cortará tu anhelo:
¡si un día has de morir, será en el cielo
por haber ido a provocar el rayo!

III

Vas al cenit. Mientras tu alcor gallardo
es el parnaso criollo en que sonoro
zorzal serrano y el cenzontle pardo
discuten trinos con la chorcha de oro.

Yo te he visto subir, y me has nutrido
con tus aires untados de resinas...
¿Te acuerdas? Tu paisaje colorido
solía retozar en mis retinas.

Maestro de horizontes, en la ausencia
destilo tu recuerdo, cuya esencia
vuelve hasta ti con intención votiva;

y cuando el mundo mis afanes niega,
para ganar alientos en la brega,
repito tu lección: ¡Arriba! ¡Arriba!

SONETO SERRANO

Jaime Fontana/La Sierra, Honduras, 1946

No la reseca fruta ultramarina
ni la importada rosa te prometo,
ni néctares pedidos al Himeto,
ni pedrerías de extranjera mina.

Hermano móvil de la orquídea andina,
abeja de esta sierra es mi soneto;
para ti trae: aroma de cafeto
y sabor de naranja marcalina.

Que el imperio solar de tu mirada
funde huertos de amor en la bronceada
y temblorosa piel de mi canción.

Estalle al fin, como en el pino el rayo,
como simiente de maíz en mayo,
la ternura nuclear del corazón.

LOS PINOS

Pompeyo del Valle

En mi país los pinos son verdecidas
torres de esperanza.
Son verticales rumbos,
senderos al metal de las estrellas.

En mi país los pinos conocen
el secreto de la orquídea
y el pie de los arroyos;

pero también los pinos no ignoran
el espanto nocturno de un ahorcado
ni de los hombres muertos en el barro.

En mi país los pinos conocen
los ilímites peligros de la noche,
los náufragos solsticios
—ciego alhelí, jacinto—
de la sangre vertida
cayendo gota a gota
en sus raíces.

Pero también los pinos
son árboles que cantan,
y su canción es dulce
y fina como el corazón
de la oropéndola;
y un día, un día claro,
un día de aleluyas,
compañeros,
de montaña a montaña
dirán que nos han visto
con una estrella ardiendo
entre las manos.

BALADA SOLA

Pompeyo del Valle

Árboles de mi país,
entrad en mi alma,
antes que os mate el golpe
de las hachas.
Árboles de mi país,
entrad en mi alma.

La forma de mis pesares
se hace de plata,

pero muerde lo mismo
que las hachas.

Árboles de mi país,
entrad en mi alma.

El río caracolea
sin ver las matas,
llevándose un eco ciego
entre sus aguas.

Ríos de mi país,
entrad en mi alma.

Eurídice, la de mis ojos,
oye, lejana,
el eco de mis angustias
sobre su falda.

Ríos de mi país,
entrad en mi alma.

Orfeo, me grita el viento
cuando pasa,
no he visto cosa más sola
ni más amarga
que el llanto que se desliza
por tu palabra.

Árboles de mi país,
entrad en mi alma.
Ríos de mi país,
entrad en mi alma.

LOS PINOS DE HONDURAS

Óscar Acosta

En Honduras los pinos forman un imperio definitivo
del que no puede huir la naturaleza y el hombre.
En zonas terrestres anteriormente devastadas
se agruparon los árboles con sus bellotas de oro,
que al caer de lo alto y recibir la caricia solar,
la lluvia o la niebla que al amanecer inunda los parajes,
viajan hacia los ríos integrando un universo dorado.
Los pinos crecen llegando hasta secretas cámaras
que el aire oculta y que ignoramos los humanos;
sólo los pájaros pequeños o los intrusos arácnidos
logran ingresar furtivamente a sus aéreos paraísos.
En la verde extensión vegetal que dilatan sus cuerpos
se hospedan prófugos animales y luceros caídos.
Es tan inmensa y fraterna la bondad del pinar hondureño
que ni el fuego invasor puede hacer que pronuncie
éste, con razón o sin ella, una palabra de odio.
Sorprende a veces que entre los cataclismos naturales,
o entre aquellos que el hombre, ausente del amor, provoca,
exista aún, sobre el herido rostro del mundo,
una isla paradisíaca formada por estas altísimas columnas,
que nos llaman con blanda voz a la ternura y al sueño
y a evadirnos definitivamente del exterminio y de la pólvora.

ESCRITO SOBRE EL BRONCE

LEMPIRA, PRIMERA SEMILLA DE LA LIBERTAD

Pompeyo del Valle

I

Lempira, Gran Señor,
con amor pronunciamos tu nombre:
lo pronuncian las lenguas del agua,
las pequeñas hijas del Hol Pop,
los amargos labios del Hol Can,
el Agua Azul,
las garzas,
los matemáticos,
los astrónomos,
los jugadores de pelota,
las grandes máscaras de madera
y los cuatro Bacabes que sostienen
el cielo.

II

Lempira, Gran Señor,
con amor pronunciamos tu nombre:
tu nombre tenso como la cuerda
en el arco del guerrero;
tu nombre con siete pájaros,
tu nombre con siete piedras,
tu nombre con siete soles,
con siete lunas,
con siete estrellas,
con siete dardos,
con siete gritos,
con siete vueltas,
tu nombre con siete dientes de jaguar,
tu nombre con siete mujeres que cantan,
tu nombre con siete hombres que cantan,
tu nombre con siete viejos y siete niños
que cantan,
tu nombre con siete cazadores muertos,
tu nombre con siete cazadores vivos.

III

Lempira, Gran Señor,
con amor escribimos tu nombre:
lo escribimos en la cal de los muros,
en el sueño,
en la sangre,
en los párpados,
en la guerra,
en la paz,
en el mar lo escribimos,
en la hierba,
en las nubes,
en la sombra,
en la luz,
en la noche,
en el día, Señor, escribimos tu nombre.

IV

Lempira, Gran Señor,
con amor pronunciamos tu nombre:
tu nombre hermoso como tu vida,
tu nombre hermoso como tu muerte,
como el resplandor de las fogatas,
como tu altísima frente coronada de plumas,
como tu pecho de humo sagrado,
como tu corazón de río,
de tierra amarilla,
negra, roja, verde, blanca,
de tierra trabajada
donde cayó y combatió
¡la primera semilla de la Libertad!

CANTO A LA ENCONTRADA PATRIA Y SU HÉROE

Clementina Suárez

No puedo llegar...
porque jamás me he ido.
Eres una Patria construida
en lo interior.
Caminas dentro de mí
como un abierto río.
Vienes desde muy atrás,
rebelde y vegetal,
todo en ti es nuevo y viejo,
tierra para la infancia
y para inmortalizar el tiempo.

¡Cómo te reverdeces
con sólo volver a verte
con los ojos de ayer y siempre!
¡Qué ternura me inunda
con cada hierbecilla tuya!
Desde ahí, te veo crecer
hasta el pino alto y rumoroso.
Desde ahí, nazco y me pueblo
con tu cálida sangre
que anima la esperanza.

¡Patria de Aurora! ¡Patria de Piedra!
No sé ni decirte la forma
en que te quiero.
Es casi un amor a ciegas,
pero con una memoria intacta.
Es como recordar tu barro
o mi vestido nuevo.
Es como jugar al sol
con las hebras de luz.
Como ser enero en tus venas
para aprender a quererte,

como tener seis años
para deletrear tu nombre.

Te quiero como cuando en la arena
besaba el amor primero.
¡Qué olor a tierra tenía
la boca que me besaba!
Eras tú misma, Patria,
en su pasión desbordada.
Mejilla de carne tuya,
misterio del amor intacto;
la que en tu piel caminaba.
¡Vestida con carne tuya,
qué transparencia tenía!
Era como ver mi alma
en tus aguas reflejada.

Así se empieza la vida,
con un horizonte en la mano.
Con una impetuosa corriente
que un mar jubiloso arrastra.
Avidez de un gran destino
que lúcido avanza por dentro.
Ilusión que jamás declina,
presencia que no se antepone,
verdad que se ha poseído,
dolor que se ha conquistado,
eso es para mí la Patria.

Que si alguien te lleva por dentro,
es quien camina en tu sangre,
quien adivina tu sombra,
quien asoma a tus abismos,
quien ganada tiene tu imagen
y te libera hasta lo imposible
de un posible vasallaje.

Que por algo tienes tu héroe
trabajando sin olvido

y en todo aire exaltado.
Su mano no se adelgaza,
tampoco su existencia se acorta.
Que vivir pudo su muerte
por la verdad poseída,
y nace con ella a diario,
con vida que no se destruye.

Así, lanzada en el tiempo
con mi canción precursora,
Morazán desgarra mi frente
y su mensaje estampa en ella.
Me basta para saberlo
la voz que escucho por dentro.
Y si multiplicada voy toda
con su humana presencia,
¿acaso no eres tú, torrencial Patria,
en mí, inexorablemente, desbordada?

Me intriga tu corazón,
hermoseado en la historia.
¡Qué inexplorado mundo
en tu ilimitada pupila!
Hay que sobrevivirse,
pero en la espina dorsal de tu cuerpo,
en tu fabulosa estructura,
habitante de mar y tierra.
Un pueblo de erguidos pinos
te sostiene la cabeza.

¡Capitán de antiguo coraje,
que no sabes lo que es derrota!
En tu resplandor está la Patria,
la Patria de tus milagros.
Eras como la tierra,
con impulso vital indestructible...
Esto es Morazán desde el aire,
desde donde lo veo extendido.
Esto es Morazán desde su espada,

desde su sangre,
desde su sueño sin prisa,
desde sus caminos, sus edificios.
Esto es Morazán desde sus pájaros,
esto es Morazán desde su Patria.
Esto es Morazán desde la calle,
desde sus himnos y su victoria,
desde su cielo y desde sus rosas.

Esto es mi Patria,
esto es mi limpio sueño,
esto es mi canto donde viven las palabras,
esto es mi piedra, mi sol, mi llanto.
Desde aquí vine y hacia acá voy,
la Patria se apodera de todo.
Es hoy, es ayer, es el porvenir,
es donde se apoya el cuerpo,
donde se deja morir.

Es la redondez de la tierra,
es la madre, es el hijo,
es la lágrima, es la risa,
es el futuro que lo abarca todo.
Es el vientre promesa,
es la esperanza asomándose siempre,
es el nombre que no se olvida,
es el conmovido destino,
es la arquitectura del hombre,
es la Patria.

MORAZÁN

Jacobo Cárcamo

Por montañas de pinos imposibles...
por valles de verdura impenetrable...
por ríos que paraban hasta el viento...
por calles, por abismos,
por sombras, por inviernos,
iba en cascos de rayo tu caballo guerrero.

Y ni la noche vertical de odios...
ni la herida de cauce pavoroso...
ni murallas de espadas...
ni huracanes de pólvora
nulificar podían tu marcha luminosa.

Llegabas a los pueblos...
te llenaban de escudos todos los corazones...
el Golfo de Nicoya tiene en perlas tus frases...
la voz de tus cañones esconde el Momotombo...
es barro de tus botas el oro en el Guayape.

Hombres te acompañaban...
de acero toledano,
de toledano ensueño,
era el sol obediente de tu espada.

Y reían los árboles,
y cantaban los niños,
y bailaban los héroes de los libros de escuela,
y afloraba en canción la libertad,
y nacían banderas,
y venían soldados,
cuando se abría en llamas tu rosa liberal.

Hoy, lejos de tu mano,
ha crecido tu ejército...
la huella de tus plantas es órbita de astros...

en tu dolor aprenden a quererse los hombres...
es un cielo de lucha la tumba en que te hundiste,
Bolívar de los pobres,
Napoleón de los tristes.

Y cuando un golpe artero precipitó tu sangre...
cuando la voz perdióse para nacer más honda...
cuando tu espada, loca de fulgor,
se te fue por los ojos hasta el héroe,
y te perdiste,
y te alejaste,
y naufragaste
tras un negro dominio de fusiles,

todos te saludamos,
todos te revivimos.

Vivo estás en el bronce...
firme en la miserable carne de cinco pueblos...
erguido en tus heridas...
en el volcán que elogia tu corazón de fuego,
¡y en el hombre que exalta tu muerte con su vida!

MI GENERAL A SOLAS

Rafael Paz Paredes

Atento estoy a darle los buenos días,
General, mi General a solas,
Padre de tantas patrias repartidas,
venero inagotable de heroísmos,
Capitán infeliz, suma del sueño,
hijo de la luz recién nacida
en campos desolados que no atinan
a perfilar tu imagen todavía.

Atento estoy a tu reclamo, Padre,
pues ya mi madre tierra está rastreando
las secas huellas de tus lágrimas.

Por ellas corre un río manantial,
el espejismo que empujó tu sino
hacia el mortal madero del ensueño.

Todos los días, al nacer el alba,
busco tu nombre en mi breviario;
busco la sangre que no alcanza a colmar
la amargura de tu cáliz.
Tus ojos visionarios corren pares
con tu impar hidalguía de soldado;
pionero de las ansias libertarias,
General de la idea, baluarte recio,
donde acuna su amor mi Centroamérica.

Hoy quiero confesarte, Morazán,
que tu trágica partida
no restañó la herida
abierta en el costado del pueblo.

Tus huestes invencibles aún cabalgan
por cerros y por montes solitarios,
cuyo seno de rocas se conmueve
bajo el peso ancestral de tus pisadas.

Escruta en vano la mirada terca
el cielo de la noche, constelado
de rútilas estrellas incendiadas.
Tu rostro ya no brilla iluminando
la eterna noche de mi Patria.

Regresa, General de las luciérnagas,
íntegro escudo, lanza invencible,
Capitán de veras, armado caballero del decoro,
regresa un día a conquistar de nuevo
la tierra que copió tu imagen limpia,
el perfil de tu bronce que aún resuena
cual campana de luz —clarín alerta—
en la noche sin fin de la esperanza.

Tu pueblo está aguardando tu retorno
con los puños en alto, como antenas,
elevándose más allá de tus pinares
y de la onda nebulosa en que circula
el mensaje de unión que nos legaste.

ESTATUA–MORAZÁN

Antonio José Rivas

Frente al vano reposo yo transijo.
Tu figura: península del viento.
Curso del mar. Sustancia. Padre, hijo
y espíritu terrestre del sustento.

Luz de perfil. El germen que prolijo
levantaste a la altura del tormento,
tiene que ser un sol, pero no fijo,
porque la luz se mueve en tu momento.

Como no sé qué hacer para envolverte
con la cintura de la Patria y verte
de tu amor la estatura y su concierto;

desde mi tiempo, Antonio, te venero,
y tu vida y tu muerte recupero,
y estás en la mañana. Y no estás muerto.

ROMANCE DE LA MUERTE DE FRANCISCO MORAZÁN

David Moya Posas

El silencio se estregaba
contra todas las paredes.
San José de Costa Rica
tiene el corazón ausente.

Como sombra de la tarde
que en los altos cerros muere,
va Francisco Morazán
por caminos de la muerte.

Su alta frente le reluce
con resplandores celestes,
y sus botas de combate
con el paso duro y fuerte.

No le cuelgan charreteras
en el hombro, ni sostienen
la guerrera y los botones
sus geografías de leche.

Francisco —el hijo— se cuelga
de su cuello porque quiere
unos ojos sin sentido
y mil músculos inertes.

Villaseñor, a su lado,
en su hamaca de inconsciente,
camina con los pies altos
y un carbón entre las sienes.

Saravia sueña ya muerto
con fusiles impotentes,
y un anillo de alas blancas
que entre los dedos mantiene.

Una luna sin luz blanca
en la tarde absurda tiende
su papalote redondo
entre murallas de nieve.

En su pecho reventaron
granadas de sangre y muerte.
De una descarga cerrada,
hombres como él no se mueren.

Entre una negra humareda
su cabeza hermosa yergue,
y una nueva voz de mando
sobre la tierra le tiende.

Antonio Pinto se mira
lleno de sangre inocente,
y en los rincones de su alma
oscuros gusanos muerden.

Sobre la plaza con luna,
a esas horas, como siempre,
la negra araña nocturna
costura telas silvestres.

MORAZÁN VIVO

Roberto Sosa

No.
No estás ahí, de bruces,
indefenso en el polvo.
Ni se oculta tu estatua
entre los fríos, picoteada por pájaros.

Vives entre nosotros. Trabajas,
tienes sed.
O profundo en el monte
se anudan en tu barba
los hilos de lo trágico.

Cabalgas por la selva
triangulando
el espacio de nuestra geografía.

Miramos tus señales
desde los grandes pinos.
Oímos tus espuelas

arañando el vacío,
el eco de tus botas por los mapas de guerra.

No eres signo de escarnio
congelado en la boca.
Ni falsísimo brillo de medallas.
Eres, bajo del lodo,
una espada continua.
Nuestro honor y destino
que custodian los mares.

Que lo aprendan los jóvenes
y resurja el milagro
del pan y de los peces.

Vuelves de todas partes,
desde tu dignidad.
Estás entre nosotros,
bajo la misma noche,
repartiendo la luz todos los días.

PUEBLOS Y COMARCAS

EN LA SABANA

Juan Ramón Molina

Ya descendió la noche silenciosa,
cubriendo con su sombra la sabana;
y óyense allá a lo lejos los mugidos
con que llenan los vientos las vacadas.

En el confín del horizonte vago,
que sobre el cielo túrbido se ensancha,
tras las dolientes brumas de la tarde
dibújanse las áridas montañas.

Del fondo de los negros precipicios
surgen los viejos pinos cual fantasmas;
y al rumor del galope del caballo
se estremecen las breñas azoradas.

Llévase el viento los profundos ecos
del cercano torrente, que sus aguas
deshace en copos de nevada espuma
al azotar las conmovidas lajas.

En tanto yo, rompiendo las tinieblas,
devorado por íntimas nostalgias,
dejo, tras las llanuras y los bosques,
un hogar, una madre y una patria.

LA SIGUANABA

Constantino Suásnavar

El río Simisirán,
bajo luna tramontana,
corre por el Alto Verde
a las tres de la mañana.

Dialogan con el silencio
el caballo y la guitarra,
los luceros trasnochados,
las estrellas desveladas.

Yo, con el alma perdida,
por la noche y la sabana:
yo soy el alcaraván
que perdió la caravana.

Pero ¿quién canta a lo lejos
con esa voz tan cercana,
que parece que se queja
por toda la madrugada?

Aquí no más, a la vuelta,
al doblar esa cañada,
la llaman, desde hace siglos,
Paso de la Siguanaba.

¿Quién la vio? ¿Quién no la vio?
¿Quién me quitará la gana
de verla? Nadie la ha visto.
¡Nadie vio a la Siguanaba!

Cuentan, sí, cuentan que un día,
en una noche temprana,
camino de Choluteca
iba el Padre Subirana.

Iba el Padre caballero
en mula samaritana,
—porque con carga piadosa
la mula no se cansaba—.

Iba el Padre cabalgando
a la par de la cañada,
cuando de pronto una sombra
apareció a su mirada.

Y entonces le dijo el Padre:
—¡Mujer bella, mujer vana,
por tus artes, hechicera,
quedarás aquí encantada!—

¿Quién la vio? ¿Quién no la vio?
¿Quién me quitará las ansias
de verla? Nadie la ha visto.
¡Nadie vio a la Siguanaba!

MEDIODÍA DE OLANCHO

Óscar Acosta

Olancho es tierra de tigres,
de fosfóricos peces,
de selváticas flores.

Aquí la traidora serpiente,
el pájaro farsante,
la alegre hiena,
abandonaron el departamento
y huyeron a extranjeros parajes.

No existen los guijarros,
el veneno que algunas plantas
llevan en primitivas bolsas,
la espina que corta el agua
y el pie descalzo.

Olancho es todo claro,
lleno de un sol que tiende
en los valles su sabana.
Parece que esta tierra
frugal de Olancho
tuviera una metálica frontera,
un cristal de roca
envolviendo su cuerpo
como un invernadero.

Compruebo que el alimento
aquí es más suave,
el maíz tierno,
el agua transparente,
el cereal más blando
y suelta leche como cabra.

La fruta es maravilla
de jugo que resbala
en los labios carnosos
de una fuerte muchacha.

La carne de ternera,
preparada a la manera campesina,
es plato de guerreros
o verdaderos revolucionarios,
de hombres de pelo en pecho,
de señores que toman
su copa de aguardiente
al declinar el día,
y a lo lejos, atentos,
oyen rumores de guitarra.

Aquí nos hace falta Cinchonero,
con su caballo hispánico,
con sus espuelas fúlgidas,
con su revólver rápido,
con su machete enérgico
y su palabra definitiva
para el amor o el odio.

También nos hace falta
José Antonio Domínguez,
Froylán Turcios, Alfonso
Guillén Zelaya y Medardo Mejía.

Ellos son los cantores,
los hijos de esta tierra

que huele a pino, a vino de coyol,
a caña.

Guardo en el recuerdo
la ruidosa caballería,
los retratos colgados,
las colmadas estanterías,
la estatua de un maestro
de escuela en el mármol
de un parque provincial,
los sillones de cuero,
los calendarios antiguos,
los ancianos apoyados
en su dignidad ciudadana.

Abandono el territorio
del toro emperador,
de la vacada,
del cedro milenario,
del Cordero de Dios
que quita todos
los pecados del mundo.

Olancho libre,
salí de tus fronteras
bañado de sol,
pleno de agua,
ungido del paisaje
de tu suelo que es polvo
sagrado.

Berceo me llevaba
de la mano
como un niño ciego.
San Juan de la Cruz
decía sus himnos,
y Góngora sus mejores
palabras.

Olancho posesivo,
déjame vivir en ti,
en tu extendido cuerpo,
en tu secreto ámbito,
en tu amplio territorio
de pródigo padre,
como pródigo hijo.

Juticalpa, 31 de marzo de 1963.

PIEDRA DE LAS CIUDADES

EL AMOR ERRANTE

Ramón Ortega

Filas de caserones de vieja arquitectura,
que en el frontón ostentan el signo de la cruz.
Sobre la calle fosca pesa la noche oscura,
como un fúnebre paño. Ni una voz, ni una luz.

En esta casa tuya, quizás, en las ojivas,
entre el silencio grave de la calleja sola,
tejieron un murmullo de pláticas furtivas
un linajudo hidalgo y una dama española.

Mas hoy es —¡oh señora!— un rondador nocturno,
un bardo trashumante de rostro taciturno,
quien coloca la ofrenda de amor a tus umbrales,

y quien, bajo la noche, frente al balcón florido,
se angustia al ver el sacro blancor de tu vestido,
que cruza vagamente detrás de los cristales.

LA CATEDRAL DE COMAYAGUA

Ramón Ortega

No es obra tallada conforme a un estilo,
conforme a una regla inmutable y severa;
mas finge, con su alta y solemne fachada de piedra,
seguida de obscuras, tranquilas y célebres bóvedas —
que fueron el teatro de lides sangrientas—,
una extraña y audaz concepción caprichosa,
una esfinge surgida en otra época,
que dilata la vista en el ancho horizonte
como en una llanura perpetua.

Que desde ha mucho tiempo resiste indomable
los vientos, las lluvias, furiosos temblores de tierra;
que ha visto los años pasar lentamente,

cargados de sombras, de guerras, de largas tristezas,
llevándose en mudo desfile
linajes vetustos, de quienes apenas
las célebres joyas guardadas
en finos estuches cubiertos de seda
conservan aún los cautos abuelos.

Mas es así un poema,
un poema admirable,
un poema que canta en eternas estrofas de piedra
los tiempos gloriosos y nunca olvidados de España,
cuando —conforme a la frase soberbia—
en sus ricos y vastos dominios
el sol no ocultaba su fúlgida hoguera.

En todo aquel templo palpita un recuerdo.
Las áureas campanas, que un día de fiesta
repueblan el aire de cantos y músicas;
los viejos grabados que fingen palmeras,
inmóviles rosas y efigies de santos adustos;
las fuertes columnas, las losas de piedra,
las blandas alfombras que ahogan los pasos,
las luengas cortinas de seda,
los largos manteles más blancos que un lirio,
los sacros altares de fina madera;
los Cristos llorosos,
de miembros desnudos y espaldas sangrientas;
las vírgenes fijas poblando los nichos;
los vasos sagrados brillando en las mesas;
los ángeles pétreos sonriendo en la altura;
y en una polvosa caverna,
los cuerpos intactos de graves obispos,
que siempre conservan
en el rostro la gran majestad de los muertos.

Y todo recuerda aquella época
de largos ayunos, de vísperas regias,
de augustos maitines y misas solemnes
pobladas de músicas tiernas;

de frías vigilias tediosas,
en donde los frailes —luciendo sus trajes antiguos,
de varios colores, de formas diversas—
formaban un grave cortejo suntuoso,
bañado en el brillo de grandes y vívidas gemas,
recorriendo la vasta y senil galería,
al compás admirable de un órgano
que llora, que canta, que arrulla, que sueña....

Un órgano antiguo, pomposo y solemne,
cuyas flautas parduscas y enhiestas,
mirando de lo alto las teclas gastadas,
parecen los tallos de una húmeda selva,
de una húmeda selva sonora y fragante,
que borda la orilla desierta
en un lago de claras e inmóviles aguas....

De allí, por las blancas y enormes arcadas de piedra,
sobre el coro de frailes de rostros enjutos
o caras rellenas,
despliega sus alas el hondo e inmortal *Miserere*,
cual la queja de un alma que tiembla,
como el grito de un alma que llora sus culpas,
sofocada por una congoja secreta....

CATACAMAS

Froylán Turcios

Ciudad florida de mi ayer, y en donde
rimé de amor un azulado sueño,
y que en las rosas de su edén risueño
de mi pasado una ilusión esconde.

Al pie de la montaña, entre el murmullo
del riachuelo musgoso y cristalino,
en un valle feraz y peregrino
reposa de las brisas al arrullo.

Cuando surgió mi juventud sonora,
dio mi lira en su seno perfumado
sus primeras canciones a la aurora.

Amé a una virgen con pasión secreta,
y de la luna al resplandor plateado
suspiré por sus ojos de violeta.

TEGUCIGALPA

Augusto C. Coello — Tegucigalpa, 1920

Madre Ciudad de cuyo augusto trazo
fue el heroísmo su primer diseño;
Madre Ciudad en cuyo fiel regazo
se abrió como una flor mi primer sueño.

Calvario de fecundas redenciones,
siempre inmortal y siempre noble y bella;
Ciudad que para nuestros corazones
eres la sola y peregrina estrella.

A la sombra viril de tus picachos,
del heroísmo y del honor penachos,
sedeño y blando se colgó mi nido;

y es mi más hondo afán reconcentrado
dormir eternamente, calentado
al fuego de tu sol siempre encendido.

LA CASA DE LAS AMATISTAS

Rafael Heliodoro Valle

Madre Tegucigalpa: a ti regreso
diariamente en nostalgia que me quema;
mi corazón engarzo en tu diadema,
beso tus sienes, y tus sienes beso.

¡Qué azul el de tus ojos! ¡Qué embeleso
ver el airoso arcángel de tu emblema!
Tu campana de amor es una gema,
y en su ámbito de nácar estoy preso.

¡Tu catedral es una equilibrista
paloma que se fuga hacia el morado
cíngulo de tus cerros de amatista!

Ciudad de amor azul y de alma mía:
soy el novio más fiel que te ha besado
y te besa en el pan de cada día.

MADRE COMAYAGÜELA

Guillermo Bustillo Reina

Oh Villa de Concepción,
mi natal Comayagüela,
india de huipil bordado
y enagua con lentejuelas.

Cuando pienso en el terruño,
mi memoria te recuerda
como un carmen cuyo aroma
se desborda hasta La Cuesta:
olor de flores y frutas,
de claveles y gardenias,
de perotes y membrillos
y guayabas peruleras....

Cuando los peces plateados
se esconden entre la arena,
como ancianos dormilones
tus ríos echan la siesta,
y también duermen de noche
mientras que tus puentes velan.

Con su traje dominguero
amaneció peripuesta
la Villa de Concepción,
porque ha empezado la Feria.
Se ha puesto su pañolón
y sus mocasines nuevos,
sus peinetas de carey
y su soguilla de cuentas.

¡Nunca se ha visto mejor
dogal que el de sus dos trenzas,
o imán tan irresistible
como su boca bermeja!

La Feria de Concepción
es la feria de las ferias,
con misas y procesiones
y jolgorios y verbenas.
Los fuegos artificiales
son surtidores de estrellas,
y el parque es un mar humano
en las noches de retreta.

Se baila con la marimba
bajo rústicas glorietas,
mientras los nacatamales
tentadoramente humean.

Los jugadores de siempre
se apiñan en las ruletas,
los hombres monosilábicos
y parlanchinas las hembras;
todos esperan ganar
y pierden al fin de cuentas.

Cansados y displicentes
por fin a casa regresan,
cuando se duermen las luces
y despiertan las luciérnagas....

Di a la Virgen de Suyapa
que por qué te hizo morena.
Me imagino que sería
para que fueses más hembra.

Siento que la sangre tuya
es la que grita en mis venas,
porque te llevo en el alma
como un trino de oropéndolas,
porque me sigo sintiendo,
amada Comayagüela,
tuyo, como la casita
donde vi la luz primera.

FANTASMA

Eliseo Pérez Cadalso

Blanca ciudad con ajedrez de teja,
quiero soñar para curar la herida.
Ardió mi corazón color de abeja
en miel sencilla, pura, impresentida.

La estampa igual y la leyenda vieja,
aquí el amor que presidió mi vida:
una noche, un almendro y una reja...
¡y la ilusión, que naufragó en seguida!

Visión fugaz, aérea, transparente,
¿qué nos pasó? Te fuiste de repente,
y hoy entre zarzas de inquietud me pierdo.

Y lejos, con chirrido de agonía,
muele el silencio de la calle umbría
¡la carreta sin bueyes del recuerdo!

COPANTL

Oscar Castañeda Batres

Aún invertebrada, como el agua,
o más, tal vez, como la espuma misma,
torna los ojos al ancestro maya.

La enigmática estela. En ella alienta
la ruta en jeroglíficos marcada
y, a través de los tiempos, transmitida.

(Cansado viene del ayer Ulúa,
de tanto repetir *Copantl* en su agua.
¡Y aquí, en tu ajeno mar, muere de angustia!)

Este canto de piedra, americano;
este sostén del tiempo de tu estirpe;
esta escalera que de ayer desciende
con la clave perfecta del enigma;
esta palabra que repite el viento
entre las pétreas bóvedas sombrías:
son tu primera infancia, y tú la olvidas.

¿No ves el pedernal de las ofrendas,
allí, junto al altar del sacrificio?
Hueytlato estuvo aquí. Eran los tiempos
de descifrar la oscura astronomía
para encontrar los días más propicios.

Era el albor de vida en el temprano
florecer del maíz: era la aurora.
Todo estaba surgiendo de la tierra.

Lavado aún por la reciente lluvia,
el surco recibía la simiente
del pródigo cereal —creencia y vida—.
Se modelaba la arcilla, y la esperanza

se entregaba en ofrendas a los dioses
benevolentes, en los crueles ritos.

Cada piedra es un signo, cada estela
un mensaje; los templos guardan
fresco el olor de la grandeza antigua.

Huérfana de tu historia, Patria mía,
vuélcate toda hacia la azul floresta
que guarda escrito el porvenir en piedra.

CANCIÓN DE AMOR A SAN PEDRO SULA

Óscar Castañeda Batres

Si pudiera encerrarse al tiempo como a un pájaro,
jaula de años le hiciera, de aquellos que nos dimos.
Todo el amor sería un desandar los pasos,
un decir: «Hasta aquí. Lo demás es olvido».

La esperanza sería retorno a los recuerdos,
descifrar espirales, memoria del deseo.
Volverían las horas de tu azul fugitivo,
mañanas de aguas-vivas, crisálida de jades.
Jacinto y oro viejo de próvidos crepúsculos
renacieran de nuevo los lejanos paisajes.

Vuelvo a hallarte de nuevo en los recuerdos
de las tardes de nuncas y de pájaros,
como se encuentra al escombrar las cosas
la novedad de los poemas viejos.
Desnudo, el corazón se ve en tu espejo,
amante que en tus aguas se alboroza,
cuando la noche llega y te me agolpas
como temor y gozo al mismo tiempo.
Vuelvo a ti y, de la ansiedad del sueño,
romero agradecido de tus rosas.

San Pedro Sula, novia, conjugaste
ayer y para siempre mi existencia,
y estás conmigo, sístole constante,
en la verdad del sueño primogénito.
Te conserva cercana en la distancia
la sana caridad con que arropaste
mi adolescente desnudez gozosa.

Es tu sol sedicioso el que me brinda
este reverberar en que te miro,
con los ojos del niño que dejaba
la escuela de las letras y los números
por los cursos de luz de tus contornos.

Tú enhebraste los júbilos primeros
de mi niñez —pregunta insatisfecha—
y me diste la sana algarabía
que tenían por junio las verbenas,
la primera canción, el alfabeto
de todas las fugaces alegrías.

Para poder llamarte como eres,
ha inventado mi amor esta palabra: *siempre*.
Es tuya como el verde es de las hojas,
como aquel despertar de tus zorzales
desmadejando en la arboleda sueños;
es la imagen exacta de los días
que nos han separado desde entonces,
es el nombre que tienes en la ausencia,
es la congoja de mi casa, ahora
vacía, como si nunca hubiera sido,
es la amarilla ausencia de mi padre
que enturbiará la dicha del retorno,
es el jardín sin rosas perfumadas
por la adicta ternura de mi madre,
y es todo lo que recuerdo si te pienso:
la soledad, la música, la muerte.

ROMANCE DE LA CIUDAD DE DANLÍ

Jorge Federico

Danlí, para que la guarden,
tiene cuarenta colinas,
firmes de pinos al hombro
y banderas de neblina.

Cuando Danlí se despierta,
le cantan con voces finas
un himno de trinos altos
en flautas y mandolinas.

Danlí tiene cielo azul,
llenito de serafines.
Las iglesias los persiguen
con las torres para arriba,
y cuando dan en el blanco
caen sobre las colinas
los serafines heridos,
hechos crepúsculos lilas.

Ciudad de los abolengos,
bien fundada y bien crecida,
un llanto de valses rotos
te acaricia las mejillas,
y un apego de blasones
y romances con hombría
te suena de España antigua
y te baila de cuadrillas.

Ciudad donde la pobreza
juega con la jerarquía
un damero de peones
coronados y vencidos;
en que brilla como nunca
ganadora la hidalguía

sobre frentes ruborosas
y ancianitas de mantilla.

¡Ah, ciudad de mis amores!
Cuando la muerte me mire,
será por los ojos claros
de tus cuarenta colinas;
mas no te diré en qué brazos,
pues camino de venida
traía mi corazón
en tres rodajas partido.

Danlí de mil ensoñares,
Danlí de las serranías,
Danlí de galos sonámbulos
y de vacas sin esquila,
fresco de rosas abiertas
y loco de golondrinas,
divino de tres amores
en mi corazón partido.

Espera, espérame, espérame,
que ya regreso, en seguida,
para decir un "te quiero"
por el resto de mi vida,
un "te quiero" de cristal
en que estarás comprendida
tú, la de mis ensoñares,
¡mi ciudad de las colinas!

COMAYAGUA

Antonio José Rivas

Como siempre: plegaria florecida.
Viento lunar en alto campanario.
En la calle, jumento rutinario
y el medievo en la casa envejecida.

Para la soledad empedernida
de la noche sangrada de calvario,
hay un fantasma plenipotenciario
y un alma en pena. Misa requerida.

Fijo trajín de ritos clericales
bajo la piedra de las catedrales.
El mismo viejo amor que nos asiste.

Llega la tarde con olor a rosas
hasta el último azul. Y, entre otras cosas,
sabe la gente que este pueblo es triste.

A LA CATEDRAL DE COMAYAGUA

Antonio José Rivas

Comayagua o su arena fatigada
alza en la fe su mineral creyente,
y coloca su amor a tu occidente
para que lo ilumine tu mirada.

A contraluz de luna —pie tangente,
guiño redondo y paz iluminada—,
te asumiera una vela desvelada
que a la vela se hiciera de repente.

De tu muro a la fe: sibila orante.
De tu Cristo al amor: alucinante
río mecano para tu sonrisa

de agua bendita o campesina aurora,
que en el Ave María se demora
y que en la pena se catedraliza.

MEDIANOCHE GRACIANA

Justiniano Vásquez

Desde la vieja torre, con cansancio de abuelo,
va el reloj pronunciando sus doce campanadas.
En el cuartel, un pito silbando con desvelo
succiona el seno frío de la noche callada.

Yo voy de calle en calle, cual matando un anhelo,
pensando en muchas cosas o no pensando en nada,
y con la vista inquieta, de amodorrado vuelo,
auscultando la noche que se arrastra cansada.

Soledad por doquiera. Tuberculoso perro
ladra a la luna llena que asoma tras el cerro
su rostro de azucena: precioso talismán.

Y mientras que en un foco pequeñas mariposas
estudian preocupadas las ondas luminosas,
asido de unas rejas se estremece un don Juan.

TEGUCIGALPA EN EL FÉRTIL PRODIGIO DEL MAÑANA

David Moya Posas

Sobrevolaba el noticioso
silencio una nevada población de tiritantes ritmos
moldeados en el alba circular de los tiempos.

Las calles, como túneles,
los balcones
enrejados de orín,
me hablaban con clarísima mudez y herrumbrosa jactancia
del amor verdadero destinado al muelle de mis brazos.

Y era su verbo leal como la sombra audible de los perros
invernales:
—Esta ciudad partida por un río de agonizantes músicas,

más que un hueco de cal regado de fatigas,
es una atmósfera de pájaros legada al constructor
del clima torrencial del porvenir.—

Aquí no hay campo para embalsamar el tiempo.
Esta ciudad vendrá
a conquistar la adulta serenidad del día,
a pesar de que es fácil
negarla, abandonarla
y cantar sus miserias tras el arpa silvestre
del estruendoso exilio.

Rudemente dulcísimo es trabajar su arcilla
en el taller melódico
de la estatuaria ausentemente alegre del futuro.
Y feliz del labrador de su exacto horizonte
al palpar la epidermis de su flor humanísima.

Porque habrán de entender que ha germinado al fin
su cambiante pulso,
por arrancarle al tiempo los relojes guerreros
de una orgullosa, altiva
y verdadera
ciudad,
construida en la explosiva vertiente de las lágrimas
inextinguibles de una fértil mañana de prodigio.

LA INFANCIA EN LOS MUROS

Pompeyo del Valle

Chica ciudad que viste
mi niñez apagada,
mi perdida inocencia;
chica ciudad, tú sabes
qué pájaros rapaces
picotearon tus lunas,
¿comieron tus estrellas?

No, no lo olvido, no:
eras sólo una pobre
muchacha temerosa
que trenzaba en el río
sus crenchas provincianas;
pero en mí resonabas,
fulgías, existías
entre un rumor azul
de pinos y campanas.

Apegada a tus muros
como una fina hiedra
creció mi infancia dulce;
soñé el grito del mar
con su humedad errante
y sus vítreos caballos,
sus máscaras, su espuma.

Allí escuché la fábula
dorada;
la nocturna conseja
del bosque y sus demonios
como una sombra audible
rugiendo entre las hojas.

Allí sentí la lluvia
abriéndose en mi rostro
igual que una amapola
transparente,
dulcemente cayendo
en una catarata silenciosa.

Allí el presentimiento
de la espina
se hundió en mi desnudez
con su raíz insomne
hasta mi alma dormida
y levantada sólo
para el sueño.

Allí, chica ciudad,
los días
me hallaron sosteniendo
mi vaporoso mundo
apenas con los dedos
pequeños, pensativos.

Allí mi delicado corazón
ardió como un cocuyo
entre los oleajes
del verano;
y de golpe, de súbito,
como un durazno vivo,
despertó en lo terrestre
¡mi infancia entre tus muros!

PLAZA DE EL OBELISCO

Pompeyo del Valle

Digo tu nombre y me convierto
en un niño vestido de blanco
en el mes de septiembre. Un cielo náutico
me roza los cabellos
y el sol brilla en mis ojos
con una luz purísima. Me acuerdo
de ese tambor infante
que se quedó tan lejos
con los desfiles escolares
y los exámenes primarios.

Me acuerdo de mí mismo, tan pequeño
pero ya enamorado;
(mi amor
tenía el rostro de mi madre).
Eran los días tiernos
como la yerba y el durazno.

Plaza de El Obelisco,
hoy que recorro tus rutas especiales
es como si caminara por los años
con mis zapatos nuevos y mis alas
perdidas; ¡aquellas alas
hechas de sueño y nardo!

Sobre tu corazón
han muerto muchas tardes,
pero el recuerdo vive y soy un niño
de pie o corriendo feliz bajo los árboles.
¡Feliz!, porque no quiero fugarme en la tristeza.
Es bueno que tú sepas que yo amo el tiempo altivo,
que busco la alegría como un loco
para irla repartiendo por las calles.

No quiero venir con mis dolores
a contarte que sufro y que estoy solo;
no te quiero decir que me han herido,
que sigo siendo pobre y que ha muerto mi madre.

Más pobre está mi patria y más herida,
y más llena de muerte.
¿Cómo quieres entonces que yo venga
a aumentar su dolor con mis pesares?

Plaza de El Obelisco,
plaza sola,
verde como el aroma de los pinos,
cuando digo tu nombre soy un niño,
un niño solamente
de pie o corriendo feliz bajo los árboles.

TEGUCIGALPA

Roberto Sosa

Vivo en un paisaje
donde el tiempo no existe
y el oro es manso.
Aquí siempre se es triste sin saberlo.
Nadie conoce el mar
ni la amistad del ángel.
Sí, yo vivo aquí, o más bien muero.

Aquí donde la sombra purísima del niño
cae en el polvo de la angosta calle.
El vuelo detenido y arriba un cielo que huye.

A veces la esperanza
(cada vez más distante)
abre sus largos ramos en el viento,
y cuando te pienso de colores, desteñida ciudad,
siento imposibles ritmos
que giran y giran
en el pequeño círculo de mi rosa segura.

Pero tú eres distinta:
el dolor hace signos desde todos los picos,
en cada puente pasa la gente hacia la nada
y el silbo del pino trae un eco de golpes.

Tegucigalpa,
Tegucigalpa,
duro nombre que fluye,
dulce sólo en los labios.

AMAPALA

Roberto Sosa

Niña arenosa,
el beso de la tarde en tu costado.
Virgen salada,
sola.
Está la mar temblando en tus cabellos.

Amapala, ventana gris del sur,
¿hacia dónde te llevan los marinos
y el viento?
—Di, marinero, ¿hacia dónde?—
¡Quién lo supiera, niña de arena!

CIUDAD NATIVA

Nelson E. Merren
La Ceiba, 1965

Y me dijo mi madre:
«Fue una mañana invernal
cuando a mis brazos llegaste.
Yo te besé muchas veces
y lloré, no sé por qué».

Esa mañana de diciembre se hizo camino,
y lo mismo las lágrimas.
Hoy regreso
de un país donde el paisaje
es sólo aire y horizonte.
Regreso a tus montañas,
a tu intacta verdura,
a tus tejados calientes.

Y me siento en los parques
donde la sombra es móvil,
y voy hasta la playa

donde
la luz, de blanca, tiene
fogonazos azules.

Arena traída y llevada,
¿serás la misma?
En otro tiempo fui, joven grumete,
por los barrios portuarios
viendo
hombres de óptica confusa salir de las cantinas
y la constancia de las vigas.

Y además de las escarolas del humo
descifré la ortografía de los navíos,
y vi la arquitectura del polvo
subir a las ventanas.

*(Allí están, no lo sigas,
no cruces corredores
de tinteros antiguos!)*

Mi soledad anduvo de rodillas
por el sol y tus barrios,
y una piedra insultada me crecía por dentro.
Recuerdo para siempre
cuando quise ser duro
y resueltamente maté mi primer pájaro.

Y el ruido me llevó
por valles y volcanes,
penínsulas de cuarzo y playas álgidas.
Y anduve insomne, errante,
conociendo y viviendo,
muriendo y reviviendo,
y en las manos abiertas y desnudas
un ronroneo negro de preguntas.

Hoy regreso a tus casas
afanadas y buenas,

toco cercas con polvo
y recorro tus calles
con confetti de baches.

Camino hasta el crepúsculo
de la quieta bahía,
y el zumbar de preguntas
en el aire simétrico
no sé qué color tiene.

MUJERES

HACIENDO UN RAMILLETE

José Trinidad Reyes

Con agua de la fuente
me lavé bien las manos;
marchéme al huertecillo
en donde fui cortando
las flores más hermosas,
sin herirles los vástagos.

He tejido guirnaldas
de lirios los más blancos,
de rosas encendidas
y de clavel morado,
porque este es el adorno,
si es que yo no me engaño,
que hace a las pastorcillas
más lindas que los astros.

LETRILLA EGLÓGICA

A la manera del Marqués de Santillana
Para Otilia
Juan Ramón Molina

Tras verdes alturas,
allá, en su campiña,
me aguarda la niña
más linda de Honduras.

Veinte años apenas
tiene la donosa,
la de tez de rosa,
manos de azucenas.
Es toda dulzuras,
tal como la piña
en sazón, la niña
más linda de Honduras.

En la primavera
la halló mi destino,
yendo de camino
por una pradera,
en pos de aventuras
de amor o de riña,
y dije: —«Es la niña
más linda de Honduras».

Bajó sin enfado
la mirada al suelo,
cual si el mismo cielo
descendiera al prado
de moras maduras,
donde se encariña
jugando, la niña
más linda de Honduras.

Dijo: —«Caballero»
(alzando la faz),
«no turbes la paz
que hay en mi sendero.
Otras hermosuras
vuestro brazo ciña;
yo no soy la niña
más linda de Honduras».

—«Aunque emperador
fuera o alto rey,
por divina ley
te rindiera amor,
si seguirme juras
a la fresca viña
do estará la niña
más linda de Honduras».

En el dulce ambiente
oloroso a flores,
entre los alcores

cantaba una fuente
sus églogas puras
a aquella campiña,
diciendo: —«Es la niña
más linda de Honduras».

Con su boca que era
de rocío y miel,
boca de clavel,
borró la hechicera
las hieles impuras
que mi labio apiña;
tal hizo la niña
más linda de Honduras.

En mi soledad
pienso siempre en ella,
porque, como aquella,
no habrá otra beldad,
que, en tardes futuras,
allá, en su campiña,
me ame cual la niña
más linda de Honduras.

EPITAFIO EN LA TUMBA DE LALITA

Froylán Turcios

Nada empañó en la tierra su blancura.
La virtud y el honor fueron su guía.
Su alma de abnegación resplandecía,
sincera y noble, generosa y pura.

Su vida de perenne desventura
pertinaz consumió lenta agonía,
mientras, celeste mártir, oponía
a su tormento cruel su fe segura.

Única fue en mi patria por su prosa
sencilla, transparente, luminosa,
reflejo de su espíritu exquisito.

Guarda el sepulcro su despojo inerte;
pero su alma voló sobre la Muerte
en un rayo de luz al Infinito.

TRÉMOLO DE MARÍA DE LOS REMEDIOS

Medardo Mejía

*En la montaña de Misoco fue encontrado un hombre muerto a
balazos, que no identificaron.*
*En la ropa ensangrentada, el juez de paz halló esta canción, que
leyó ante los testigos.*

María de los Remedios, niña invicta,
te he visto ya en las onzas españolas.
Fue en la casa apartada y centenaria
de un rico hombre amigo de mi abuelo.
En ellas se veían armas reales,
perfiles nobles y frases latinas.
—Esta es doña Isabel— decía una gente.
—No —decía otra—, es la sin par Mercedes.

Hoy entiendo... eras tú... labrada en gloria
de lumbres y de timbres jubilosos,
María de los Remedios, y recuerdo
haberte visto en prosa parnasiana.
En el ritmo ligero del artífice
de imágenes pasaste casi aérea.
Ibas hacia la dicha con sombrero
de paja fina y con un traje de éter.
Te seguía un lebrel a pocos pasos,
un animal hermoso que te amaba.
A la vez en el cielo transparente
había idealismos de palomas cándidas.

Hoy entiendo... eras tú... en verbo sacro
que sólo admite sueños de belleza.

María de los Remedios, tu radioso
porte exige canciones rumorosas.
Se pasa uno las manos por los ojos
porque ciegas de clara y mañanera.
Tu manzanilla es buena para el alma
que agoniza en el llanto sin consuelo.
Infusión odorífera que enciende
fe sideral en las convalecencias.
De tu "bon vino" vale cada gota
un florín en el verso castellano.
¡Cómo te envidian las demás mujeres
que no llegan a tanto con sus gracias!
Con decir —si no es esto una blasfemia—
que te ven de reojo hasta los ángeles,
espíritus etéreos que no alcanzan
a producir la sensación del pétalo.

Sin embargo, de mí quiero decirte
que me haces daño con tu vino alegre.
Tus arcanas virtudes salutíferas,
en vez de bien, me insuflan arrebatos.
Has de saber que desde cierto día
hicísteme un orate,
María de los Remedios.

En guerras ando, soy un guerrillero
en corcel volador henchido de ecos.
De crecerme la fiebre he de robarte,
así se hundan los cielos y la tierra.
Nadie verá tu imagen escondida,
que serás un tesoro resguardado.
Acaso te verá Cristo piadoso
crucificado en una cruz terrosa.
Y con nobleza te verá Bolívar,
pero sin esperanza desde un cuadro.
Y quien quiera salvarte, con audacia,

morirá como perro junto al muro.
Por tu "bon vino", grato como el cielo,
he de pelear hasta en el mismo infierno.

Placer de que no vean mis amigos
ni enemigos tus prendas acabadas.
Dicha de ver el bosque atormentado
cuando no pases como el hada antigua.
Goce de ver a las convulsas nubes
inspirándose en fantasías inútiles.
Enloquézcame más tu manzanilla,
que atesora florines,
María de los Remedios.

CANCIÓN DE VICTORIA LÓPEZ

Medardo Mejía

Cinco años me esperaste, dulce Victoria López.
Cinco años amorosos, la barbilla en la mano,
formando alegres sueños, imaginando dichas;
o soportando inquieta el fragor de la carne,
el martirio envolvente, la vigilia ardorosa
de la virgen que quiere frutecer.

Vital o falleciente, puntual como un axioma,
cuidabas los jilgueros y las floridas matas.
Nacida entre devotos, adornabas los santos
con guirnaldas silvestres.
Criada entre afanes diarios, tus manos cariñosas
amasaban el pan jugoso como el mundo.

Tus tías —nuestras tías—
cofres de tradiciones circunspectas,
en el hondo silencio de la mansión adusta
alentaban tu risa de argentinas vehemencias
o graves reprendían tus continuos desmayos
crepusculares, negros.

"Espera —te decían— que será todo un nombre;
espera a ser la esposa del mejor de la casa."
Tú, de la luna el alma, tú, del sol el torrente
de sangre que dialoga, tú me esperaste siempre
firme o deshilachada,
animosa o cobarde.

Por fin llegué una tarde, dulce Victoria López.
En coro me anunciaron los perros familiares.
Corrieron los chiquillos gritando mi llegada.
Hubo abrazos y lágrimas, sorpresas y reproches.
Me habló el corral añoso con su olor a vacada.
Me hablaron los caraos con su sombra indecisa.
Me hablaron la cañada y el río y la llanura
y los claros confines y los cerros azules
y las nubes distantes
y el aire y la luz.

Y noté sorprendido que en aquel casto júbilo
de saludos humanos y de saludos cósmicos,
tú no dijiste nada,
oh heroína,
oh prima.

Viniste hacia mi encuentro,
tus contrarias corrientes íntimas sometiendo
a rígidas disciplinas.
Una mujer entera, una real hembra en todo.
Una maravillosa concreción de virtudes
del Cielo y de la Tierra.

Vi de tu madre el alma transida de estelares
y de imprecisas nébulas.
Vi de tu padre aquella crudeza indomeñable
que, en caballo guerrero, asaltaba vecinos
multiplicando haciendas.

Tú, bella y resignada, estampa de la espera,
tú no dijiste nada con tus astrales méritos

y tus ancestros ciegos.
Y seguí mi camino porque así estaba escrito.
Peregrino del mundo pasé por la casona
de mis antepasados.
Estrellas me llamaban.
Horizontes clamaban por la prisa.
Los barcos, los aviones esperaban.
Los meridianos arrastraban como imanes fatales.

Dulce Victoria López,
fuerzas incontrastables y tremendas
convergen y divergen en lo eterno
y en lo infinito de lo Absoluto.
Las fuerzas divergentes nos negaron
nuestras nupciales dichas, nuestros sueños alegres
en el lecho de cedro con albos cortinajes,
o al viento, en la sabana temblorosa de lumbres,
allá en la casa antigua que dio terribles hombres
y reales mujeres.

MUJERES HONDUREÑAS

Jacobo Cárcamo

Sobre el más alto alcor de Centroamérica...
bajo pinos de flautas altaneras...
arrulladas por ríos de turquesa
y entre flores que dicen piropos en esencias,
alientan las mujeres hondureñas.

Dan dureza de luz a las canteras...
brindan el pecho al bronce...
celan el vientre de oro
en la espera de un hombre,
y si hay niña en la cuna,
se prolonga el decoro.

Madres con más muertos que ninguna...
romanas de ternuras,

griegas de la entereza,
son las mujeres de Honduras.

Lavanderas haciendo purezas
en violentos torrentes...
compañeras de herreros como héroes...
hijas de carpinteros contemplando ataúdes...
Guadalupes Quezada de dulzuras
y Josefas Lastiri de virtudes,
son las damas de Honduras.

Ni perfumes inéditos...
ni ámbares, ni mirras,
ni estoraques, ni inciensos,
poseen el olor de sus cabellos...
el agua que las baña
se marcha agradecida y aromada.

La noche y el día en sus pupilas
presentan claridades infinitas
que no podría serenar Cetina...
Voz igual a sus púdicos violines,
solamente que hablaran los jazmines...

Tanto en las frentes de sufrido lirio,
en las manos de nardo o de canela,
en los labios de cándida frambuesa,
como en el largo Ulúa de sus trenzas,
cada mañana Morazán las besa...

Si Lempira estuviera,
arrojaba las flechas y se hacía poeta:
¡Qué aljaba arrodillada ante violetas!

Toñas de la sangre pisoteada
en San Pedro Sulas de esperanza...
Cármenes, Dolores y Mercedes y Martas,
Clementinas, Ineses y Ángelas y Lauras,

condecoradas de elegancia,
con un toisón de honor dentro del alma.

En horas de tristeza...
cuando enfrentan los hombres noches tercas
y la Muerte hace señas...
cuando acecha la cárcel, el paredón se acerca
y el corazón en lágrimas se anega,
hasta el llanto se vuelve catarata risueña,
¡no más con ver mujeres hondureñas!

TÚ

Jorge Federico

Tu amor se queda lejos y otro amor me florece;
ella tiene los ojos de un azul que no espera,
tú los tenías negros.

Ella tiene el cabello como el oro de Honduras,
glorioso, rubio, ingenuo,
tú lo tenías negro.

Manos como gardenias;
tú tenías las manos
amasadas con luna y aceitunas silvestres.

Ella tiene alegría, tiene canto y deseo,
tú eras triste y lejana con temblor de silencio.

Tu amor se queda lejos y otro amor me florece;
paseamos por el parque, reímos y corremos,
y al regresar a casa, bajo el dolor del mundo,
por la ruta del sueño, eres tú la que vuelve.

CANCIÓN MARINA EN EL PINAR

Jaime Fontana
La Sierra, Honduras, 1948

I

Te conocí en el vértice nervioso de una ola,
en la frontera móvil entre el ave y la sal,
entre el astro y el pez. Estabas sola,
centrando la ondulante soledad.

Estabas a media agua, a medio día,
a media nube, a medio caracol.
Abril andaba por la sangre. Ardía
a media primavera el corazón.

¡Qué ruda tiranía
ejercitaba el sol sobre la arena,
sobre tu piel y sobre mi ansiedad!
Contra los bravos músculos del día
—por saborear tu pubertad morena—
luchaban los instintos famélicos del mar.

Tus senos, a media alga, a media brisa,
eran proas gemelas a medio navegar;
al aire: eran las aves bebiéndose tu risa,
al agua: eran tus muslos mordidos por la sal.

Como nacen las olas, como los vendavales,
entre las olas estalló el amor.
¡Urgencias del paisaje marino! Los rivales
éramos tres: el mar, el sol y yo.

Después... hacia la tarde y hacia los cocoteros
y hacia tus labios llenos de arena y de sabor...
¡Ah, las caricias anchas y densas como esteros
y la sangre en función de mar y sol!

¡Ah, los besos salobres, los besos minerales,
y el amor con urgentes costumbres de alcatraz!
¡Ah, el amor que se tuesta sobre los litorales
y los besos piratas, sabrosos como el mal!

II

Nuestro amor es marino, y hoy viene hasta la tierra,
hasta la arisca entraña del pinar;
hoy me hallas en la giba vegetal de mi sierra
(¡qué lejos de aquel sol y de aquel mar!).

Y los labios se buscan... Mas... espera... ¡Tu risa
ya no es como el oleaje ni como el vendaval,
ya no sabe enredarse como alga tu caricia,
ya tus besos perdieron su sabor mineral!

Aquí el amor es arroyuelo y trino,
y clorofila y miel,
y trepa a los peñascos como el pino
y tiene olor a fruto montañés.

Aquí el amor se nutre de gredas y resinas
y es hermano del lirio y del panal.
Los besos son como esas abejas inquilinas
de los robles eternos. Como orquídea y zorzal...

Pero... ése es otro amor. El tuyo es extranjero
en la sierra. No vive sin ola y caracol,
sin sus besos salobres, sus besos marineros,
sin la sangre en función de mar y sol.

Este sol es muy frío
para un amor que tiene costumbres de alcatraz.
¡El amor tuyo y mío
no puede aclimatarse en el pinar!

Te digo adiós. No vive de néctar y resinas
el amor que es oriundo del alga y de la sal.

¡Cómo quieres que viva si las aves marinas
caen muertas el día que se alejan del mar!

ELOGIO RURAL N.º 1

Justiniano Vásquez

Mujer occidental, cirio votivo,
en el ara sutil de la mañana,
fruto maduro del solar nativo;
epidermis de lirio y de manzana.

Sincera en el recuerdo y en la espera,
sabor de mandarina madurada
al calor de la lumbre mañanera.

En Sensenti aprendiste las anchuras
de tu amor silencioso y sin premuras,
y en Celaque las cumbres de tu afán.

Tu aliento es el durazno esperanzano.
En tus ojos hay ópalos gracianos,
y tu pelo es tabaco de Copán.

ELOGIO RURAL N.º 2

Rozando mi dolor —hadas traviesas—
las mujeres de Olancho me han dejado,
con su aroma frutal, esa tristeza
que corre por un cauce abandonado.

Corazones de fuego, y la mirada
sencillamente arisca, y la sonrisa
de los labios de un ángel trasplantada,
es hallazgo de perlas que se irisa.

Tienen, como las pampas olanchanas,
acogedora el alma, y son hermanas
de la orquídea que luce con el sol.

Y al verlas, de mi júbilo poseso,
me imagino que llevan en el beso
la embriagante bebida del coyol.

ELOGIO RURAL N.º 3

Justiniano Vásquez

Tibias palmeras del amor lontano
que se da gota a gota y sin mentira;
hembras por cuyas carnes de banano
este mi corazón se ha vuelto lira.

Unas son de canela, otras son rubias,
con ojos que duplican al Yojoa;
frescas como los besos de la lluvia
o ardientes como el sol de Baracoa.

Hembras del norte cálido de Honduras
que llevan mucho embrujo en la cintura
y en los senos proyectos de campana.

Mujeres de la costa que en el beso
tienen los mediodías de Progreso
y en la voz toda el alma sampedrana.

ELOGIO RURAL N.º 4

Justiniano Vásquez

Hembras del sur, paisaje que el ensueño
nunca pudo cantar, porque no iguala
la emoción a las playas de Cedeño
ni a las Venus sonrientes de Amapala.

Muchachas de la insomne simpatía
que escoltan las mareas del Fonseca,
y son como una mina de poesía
en el seno febril de Choluteca.

Yo escuché de su voz la melodía
bajo un sol de sediento mediodía,
cuando el mar olvidaba su canción.

Y unas islas de pájaros cada una
fingía al platicar bajo la luna
con su voz de canario al corazón.

MUCHACHAS DE LAS ISLAS

Pompeyo del Valle

No las he visto nunca, pero sé que son bellas,
que son del archipiélago —con las aves marinas—
el júbilo del agua, la nupcial alegría
de las olas gigantes.

Adorables muchachas de las islas,
rodeadas por corales y tortugas enormes,
hoy, desde tierra firme, vuela mi voz y os lleva
la rosa de mi sangre, hecha fulgor y canto.

Saludo entusiasmado vuestros cuerpos felices
—maestros de los juncos—,
adorables muchachas de French Harbor,
de Utila, de Roatán y Guanaja.

Sois poesía de Honduras,
aunque nunca vuestros pies hayan tocado
tierra continental; y solamente
sepáis hablar inglés, y vuestros ojos
sean de agua de mar, de agua con barcos,
y luego vuestros nombres, caracolas,

resuenen con extraños apellidos:
oceánicas Mac-Nab, doradas Cooper.

Un día iré a Oak Ridge, doncellas,
con mi equipaje de canciones
y mi libre bandera, pura y alta.
Recorreré una a una vuestras costas
y besaré la arena en vuestras playas.

Iré a mirar la luna entre las palmas
—amarilla y redonda—
como una gran naranja luminosa
rodando por el cielo de los trópicos.

Os saludo, muchachas,
adorables muchachas de las islas,
rodeadas por corales y tortugas enormes.
Os saludo, muchachas, con un saludo rojo
como el sol, sobre el verde estruendo de las olas.

LOS MUERTOS ESTAN VIVOS

ELEGÍA A RAFAEL HELIODORO VALLE

Céleo Murillo Soto

Ya estás en el crepúsculo violento
en que enciende sus lámparas el día,
más allá del dolor y el pensamiento,
más allá de la voz y la alegría.

Pero viajas herido por el viento
y el fulgor estelar de la poesía,
y en tu país azul de mirra y cuento
llora en la luz su flor Santa Lucía.

Habla el clavel herido por la umbría
y orlas de luto en su blancor retrata
el jazmín de alabastro y ambrosía...
Porque ha callado ya en la lejanía
Apolo musical su voz de plata
y Pan su flauta de oro y melodía.

PALABRAS A LA MUERTE DE ALFONSO GUILLÉN ZELAYA

Constantino Suásnavar

Señores:
El Alto Comisario del Verso,
Alfonso Guillén Zelaya, ha muerto;
y yo estoy triste
por la pobre Casita de Pablo,
y por lo que no digo y todos adivinan.

Los pinos están tristes...
También los ríos que corren por Olancho,
Honduras toda...
hasta el ciervo que cruza veloz,
el grillo musical...
y el toro, sobre su oscura sombra.

Nadie...
callaría su voz para nombrarle,
aunque descanse ya... aunque a trasmano
la misma Muerte nos esté mirando...

POEMA PARA UN MÁRMOL

Miguel R. Ortega

Aún helaban las fauces de horizonte de fuego,
cuando vino el Apóstol de astros definitivos.
Fue grande como un sueño y humilde como un ruego.
Su mano en todo instante retoñaba en olivos.

Las colinas estaban remendadas de cruces:
eran las cicatrices de apetencias mendigas.
¡Llegó! Y el firmamento tuvo estreno de luces.
Fue el monte orquesta verde y hubo aplausos de espigas.

Hoy, después de tu tránsito, Miguel Paz Baraona,
por ser ya de los manes de esta Honduras,
abona con ruegos el milagro de un destino brillante.

Vela porque tu siembra de dignidad florezca,
y porque tu racimo de discípulos crezca,
vislumbrando en la altura tu lumbre deslumbrante.

PALABRAS PARA JUAN RAMÓN MOLINA

David Moya Posas

"Tardará mucho tiempo en nacer, si es que nace..."
—Federico García Lorca

Señoras y señores:
vamos a hablar de un ser perpetuamente vivo
que transita melódicamente por el clima de América.

Para decir su nombre es necesario
juntar en cada sílaba la orquestada vertiente
de una selva de liras amorosamente intactas.

Decir violines, tornado, enredadera
y amor, amor, amor hasta el cansancio,
que él jamás conoció, injertado
en el ojo total de la vigilia.

Niño del mundo
sin fin de la agonía,
agotó la partitura mordiente de la pena.

Lo miro tras la nieve altiva de su rostro,
tras la altivez Molina y la música Molina,
tras la olímpica jactancia Juan Ramón Molina.

No ha nacido hasta ahora quien recoja
del deplorado viento su guitarra precisa.
Por eso digo estas palabras hondas
en memoria de Juan Ramón Molina.

RESPONSO AL CUERPO PRESENTE DE JOSÉ TRINIDAD REYES

Óscar Acosta

I

Rodeado por la luz y por el luto,
mansamente apretado a la sotana,
te apareces atento y absoluto
y con tus manos mueves la campana,
que a la importuna niebla desafía
e instala su vidriera en la mañana;
su blando son los cálices enfría
para que con el tacto fervoroso
de la lengua se sienta la sangría
tibia del que se toma por esposo

y convierte su carne en suave harina
y su cuerpo en un viento virtuoso.

Tu profesión fue convertir la espina
en transparente rosa en apogeo,
que en el helado espejo se adivina,

rezando un Padre Nuestro yo te veo,
rogando por la suerte del difunto
y para que se cumpla tu deseo.

Rogando siempre, y casi siempre junto
a la voz de los niños deseosos
de descubrir la ciencia del asunto
que guarda ruiseñores misteriosos.
Les dices la verdad desde sus huesos
hasta sus paraísos asombrosos.

Instruyes a los ángeles confesos
para acendrar aceite en la colmena
transida de lectura y sucesos.
La selva entre tu Biblia se serena
y la ágil pastorela entusiasmada
tiende su baile rápido en la escena
púdica y por su falda deshelada.

El dulcísimo polvo de tu prosa
es instantánea azúcar laborada,
que sus virtudes guarda sigilosa.
Si hasta tu misma vida fue sencilla,
¿por qué no tu poesía silenciosa?

En la tarde, guardándote la silla
de pino, y en tus manos la devota
oración que te moja la mejilla
y persigue la sombra y la derrota.

Las palabras te huelen a naranja
huida de una república remota.

Un poético mar cae en la zanja
y espera el atropello de tus redes
evacuando los peces de su granja.

A los maestros clásicos sucedes
al inventar el polen y el rocío
a los que tu alta cítara concedes
y conduces a tu íntimo albedrío.

Fundador de la aguja que inaugura
un ámbito enterrado para el frío,
y para el verso una presencia pura:
su vapor constituye una paloma
que de memoria inicia la ternura.

Si con la flauta suave de tu idioma
guías el pie redondo de la oveja,
la que sin tu consejo se desploma,
puedes golpear las alas de la abeja
y el tambor bondadoso de los nardos
si tu amorosa mano los maneja.

Te reconocerán todos los bardos
que por ti no han tomado represalias
por el ingrato asedio de los cardos;
y las bestias que besan tus sandalias
acudirán desnudas en el día
a incluir tu claro nombre entre las dalias.

II

Hace más de cien años, en Honduras,
un sacerdote descubrió que los coyotes
o lobos americanos invadían
los huertos del saber,
y que los más hermosos niños no conocían las canciones,
y que los sucesos importantes del viejo y nuevo mundo
dormían en los libros un insensible sueño.

Este hombre joven entonces tuvo el propósito
de trabajar por la cultura,
y su mérito más alto estriba
en el amor que siempre tuvo por el humanismo
y el deseo de que dejáramos el rifle,
el machete voraz, el revólver político,
y que nos dedicásemos al alfabeto,
a la poesía cultivada como una rosa
y a la tierra que esperaba en el suelo.

En las reuniones de sabor antiguo,
hechas en una apacible casa de familia,
y agrupada la concurrencia junto al fuego
de su palabra cálida y del brasero,
una niña decía entrecortada sus romances,
y él la premiaba con un sonoro beso,
o con suaves y tibias manos extraía,
como un mago hace surgir de su sombrero
palomas asustadas y conejos,
música de un piano largo que en Tegucigalpa,
su querida y nativa ciudad, fue el primero,
y fue traído por este sacerdote bueno,
con una imprenta y unos gruesos libros
de cuyas páginas aún se oye el eco.

Nada detendrá entonces a los villancicos
que han de cantarse alrededor de su recuerdo
con la misma devoción que hace cien años
se apagaba en su pecho un rumor tierno.
Será feliz verdad entonces el encuentro
que, a un siglo de estar su cuerpo bíblico
tendido en el vacío inmóvil del subsuelo,
celebrará el dulcísimo corazón del Padre Reyes
con la unánime presencia de su pueblo.

III

El Padre Reyes viene caminando
por una vía larga hasta su pueblo.

El rostro se lo ilumina un lucero.
Sigue sus pasos un enorme perro.

El Padre Reyes viene caminando
sobre el rocío y sobre los cerezos.
Bondadosos son los pies del clérigo,
a quienes sigue el can obeso.

El Padre Reyes viene caminando
y apresura su paso que era lento.
El animal sigue en el mismo rumbo.
El sacerdote pasa por los huertos.

El Padre Reyes entra en su aposento
de la casa que hace grato el fuego.
La ignorancia es un extraño perro
que se ha recogido a su universo.

ENVÍO

Óscar Acosta

Cantad, niños de Honduras,
una canción de amor al Padre Reyes.
Tomad de la mano a vuestros padres
para que celebremos el suceso
de que esté nuevamente entre nosotros
con el oído atento.

Repetid todos al unísono
esta canción sonora.
Moved la campana más lejana.
Sonad vuestra guitarra.

Que vuestra canción haga un anillo
de voces sanas.
Una rueda sonora
que anime las estatuas.

Que vuestras madres
llenen las angostas calles
de cintas de colores
y rosas que en la noche
aromarán el agua.

Que las paredes de las casas
se cubran de banderas
azul y blanco,
y que no se cierren las ventanas.

Niños de Honduras:
vuestra canción de amor
brilla como una lámpara.

LECTURA DE JUAN RAMÓN MOLINA

Óscar Acosta

I

Desterrado del llanto,
ahora vives en el país del fuego,
sintiendo crecer los altos pinos,
estudiando los mapas de la poesía,
cuidando la exactitud de tus relojes,
iluminando las rosas y las aguas
y viendo tu purísimo rostro
en el espejo del rocío.

II

Llegar a ti, entonces, es buscar
la voz de un niño entre la multitud,
recoger el miedo interminable
que origina un viento nocturno,
iluminar el amor con una lámpara
de primitivo y dulce aceite,
tocar con los dedos un pájaro de azúcar
que besa el cuello de las mujeres,
limitar la invasión de la nieve

que llega con sus armaduras de frío,
y verte tranquilo y reposado
quemando el intacto silencio.

III

Estrechar tu mano de hombre solo
hace que la dulzura abandone sus sábanas,
que tus libros celestiales sonrían
abriendo sus ardientes páginas,
que a la patricia tinta con que escribes
acudan a beber las golondrinas,
que a tu fúlgida mesa llegue el gallo
del día, campana con dos alas,
puliendo los tesoros de la aurora,
resucitando abatidos luceros,
tomando posesión de nuevos mares
con su lenguaje transparente,
mientras tu rostro altivo
hace que los helados mármoles
se incorporen a la santa inocencia.

IV

En tu caballo enérgico,
de cuerpo poderoso,
recorres la dormida ciudad,
velas el sueño de la noche,
atraviesas la plaza mayor
con uniforme resplandeciente,
tomas licor solícito
y, purificado en el desierto,
vuelves al alba.

V

Te asomas a la destrucción interior
que al hombre aguarda,
con tu labio silente
depuras pertinaces angustias,
y repudias al pez sin esplendor,
de blando y ciego fósforo,

que se mueve confiado
en las seguras bóvedas del agua.

VI

Tú vienes al jardín, recoges
la enmudecida espuma, hablas
con hermosísimo y rumoroso acento,
besas el oprimido cuerpo del amor,
extasiado contemplas las tierras buenas,
los mares dulces y los cielos gozosos,
mientras por ti la primavera,
a toda luz, instala en el día
sus alegres andamios.

VII

Tú presides la dicha,
el invencible aroma de las horas,
el reino armonioso de las llamas,
el viento que a todas partes llega
abriendo secretas ventanas,
el círculo familiar de los astros
con sus ordenamientos idénticos,
el bosque y sus criaturas portadoras de gracia,
y el paraíso que construyes
con instrumentos de ternura.

VIII

Atrás queda el temor, el odio
golpeando los muros de la noche,
la congoja temblando, el olvido
con sus muletas de inválido,
los tambores ahuyentando los pájaros,
mientras con tu presencia sonreímos
llenos de nueva vida en tu escritura.

IX

Afuera de la casa,
el aire de tu nombre
golpea las colmadas estatuas.

EL QUE DE VERAS TE AME

ADIÓS A HONDURAS

(Vapor Costa Rica, 1892)

Adieu patrie!
L'onde est en furie.
Adieu patrie!
Azur!
(Hugo – Les Châtiments)

Voy a partir: ¡adiós! La frágil nave,
deslizándose suave,
lanza a los cielos su estridente grito;
y el humo ennegrecido que respira,
en colosal espira,
asciende a la región de lo infinito.

Las alas de oro, lánguida y cobarde,
pliega la mustia tarde
en la insondable cuenca del vacío,
como águila cansada que al fin toca
su nido en la alta roca,
y se recoge, trémula de frío.

Quebrándose en el vidrio de los mares
los destellos solares,
las espumas blanquísimas inflaman;
y como hambrientas e irritadas fieras,
mordiendo las riberas,
las bravas ondas estallando braman.

El viejo sol, que su esplendor difunde
desde el ocaso, se hunde
con un nimbo de vivas aureolas;
el alción ha fatigado el ala, cierra,
y se aduerme la tierra
al sollozar las hinchadas olas.

¿Por qué, por qué con la mirada incierta
sigo, desde cubierta,
la dirección del puerto de Amapala,
si el vapor, con seguro movimiento,
sobre el blando elemento,
en busca de otras playas se resbala?

¡Oh, tarde melancólica! ¡Oh, astro,
que luminoso rastro
dejando sobre el mar, en él te hundiste!
¡Oh, vagabundas nubes! ¡Oh, rumores!
Afanes punzadores
llevo en el alma, dolorida y triste.

No es el amor el que a sufrir me obliga
y el corazón me hostiga
al despedirme de mi tierra ruda;
ni la ciega ambición desenfrenada
que a la mente exaltada,
cual venenosa víbora, se anuda.

Es un oculto y hondo sufrimiento,
algo como un lamento,
el recuerdo de lúgubres escenas,
el horrible chocar de los cuchillos,
el roce de los grillos
y el siniestro rumor de las cadenas.

¡Qué triste es ver que el cóndor de la cumbre,
al foco de la lumbre
vivífica del sol, el ala tienda,
y de repente, al mutilarlo un rayo,
en tremendo desmayo,
en espantosa rotación descienda!

Como ese cóndor del crestón bravío,
el noble pueblo mío
movió a la libertad las grandes alas,
y al remontarse a coronar su anhelo,

un audaz tiranuelo
se las ha cercenado con las balas.

Así como la flor, rica en esencia,
manchan con su excrecencia
el purísimo cáliz los insectos,
han deshonrado el hondureño solio,
con torpe monopolio,
mandatarios estúpidos y abyectos.

¡Oh, pobre patria! El que de veras te ame,
en indolencia infame
no mirará el ridículo sainete,
sin que encamine, trágico y austero,
el paso al extranjero,
o a los tiranos con las armas rete.

Por eso en tus fronteras montañosas,
sobre olvidadas fosas
que baña el sol con sus ardientes luces,
contempla el caminante, entre zarzales
y abruptos peñascales,
alzarse al cielo solitarias cruces.

Yacen allí, tras las batallas cruentas,
las torvas osamentas
de tus hijos más dignos y valientes,
y que rodaron, en su rabia loca,
de una roca a otra roca,
el cartucho mordiendo entre los dientes.

¡Ay! A pesar del largo despotismo
que te empuja al abismo,
a la nostalgia sin hallar remedio,
mares cruzando y anchos horizontes,
tornamos a tus montes,
porque nos mata un incurable tedio.

Vi humillada en el polvo la bandera,
extinguida la hoguera
del patriotismo, alzados los protervos,
hundido el pueblo en vergonzosas cuitas,
las águilas proscritas
por una banda de voraces cuervos.

Vi... Mas pudiera el pensamiento mío
describir el sombrío
lúgubre cuadro de baldón y mengua
que me llenara de indecible espanto.
¡Vigor falta a mi canto
y siniestros vocablos a mi lengua!

Cuando enaltece el déspota triunfante,
la poesía vibrante
es triste objeto de irrisión y mofa.

¡Para el infame que a su pueblo abruma
con el terror, la pluma
puñal se vuelva, y bofetón la estrofa!

Los que sufrís en ocio envilecido,
sin lanzar un rugido
al látigo ominoso del verdugo,
¿por qué lloráis? Bien merecéis, menguados,
ser vosotros atados
como los bueyes al innoble yugo.

Pero... ¡qué exclamo! Perdonadme, amigos,
que impasibles testigos
no fuisteis nunca de la patria ruina,
porque habéis muerto con valor sereno,
coméis un pan ajeno
o sufrís en hedionda bartolina.

Perdonadme también los que, entre crueles
burlas, en los cuarteles,
de los cuerpos desnudos,

atados de los pies y de los brazos,
con fieros palos y con golpes rudos,
la carne os arrancaron a pedazos.

Y tú también perdóname, oh robusta
juventud, que a la justa
ira cediendo, entre el común asombro,
llevaste a cabo insólitas hazañas,
luchando en las montañas,
muerta de hambre y el fusil al hombro.

De la ciudad al triste caserío
despertó al fin el brío,
a tu voz, de los hijos de mi tierra;
y en sus bases graníticas sentados
los montes enriscados
tu ronco grito repitieron: ¡guerra!

¿Por qué fue en balde el temerario arrojo
con que, en sublime enojo,
el pecho diste a la mortal metralla?
Ahora que triste la mirada giro
en derredor, te miro
sin sepulcro en los campos de batalla.

¿Qué fue de aquellos que estreché las manos,
que quise como hermanos
en otros tiempos y mejores días?
¿Dónde están? ¿Cuántos son? ¿Por qué se vedan?
¡Ay! De ellos sólo quedan
ilustres sombras y osamentas frías.

Todos murieron en la lucha fiera,
al pie de su trinchera,
víctimas nobles de un brutal encono;
y hoy en Honduras, cometiendo excesos,
alza, sobre sus huesos,
un despotismo asolador su trono.

A los malvados que a su pueblo oprimen,
con el crimen, el crimen
ha de poner a sus infamias coto;
o volarán, odiados y vencidos,
del solio, conmovidos
por un social y breve terremoto.

Vendrá la redención... Me voy, en tanto.
La noche tendió el manto
por la callada inmensidad del cielo,
y cual del sol enamorada viuda,
melancólica y muda,
vierte la luna un resplandor de duelo.

La fresca brisa con su beso alivia
mi frente que arde, y tibia
aspiro una ola lánguida de aromas.
¡Efluvio de mis rústicos alcores!
¡Hálito de mis flores! ¡Emanaciones de mis verdes lomas!

Queda la Isla del Tigre tras la quilla
del vapor; el mar brilla,
salpicado de espumas luminosas,
sobre las negras aguas temblorosas.

PATRIA INMORTAL

Froylán Turcios

Nada mi tedio fúnebre aminora:
ni el orgullo del nombre resonante,
ni el viaje ideal sobre la mar sonora
tras del ensueño en el azul distante.

Ni la cálida rima que atesora
de la Belleza el signo fulgurante,
ni la tarde, ni el fuego de la aurora,
ni de la luna el fúlgido diamante.

Ni la riqueza, ni el imán violento
del Poder, ni el Amor ni pena umbría
cambian en ilusorio sentimiento.

Sólo me enciendo en cólera que espanta
cuando intenta humillarte, Patria mía,
del extranjero la maldita planta.

EL EMIGRADO

Jacobo Cárcamo

Lejos del verde cuenco de la patria...
afuera de su nítida naranja...
sin mares de arrullos especiales...
sin sus pinos —erectos Morazanes—...
huérfano de su sol...
del himno horizontal de sus corrientes...
sin luz de hermanos,
sin fulgor de telúricos paisajes,
el Emigrado acendra su coraje.

Su voz es pura y ancha...
condenatorio océano...
justiciera avalancha...
campana de hombres libres,
con badajo de sangre y humanitarios timbres...

Bajo el profundo cielo,
el Emigrado es un laurel de hierro.
Sus manos son las manos de su pueblo...
su sueño es una humana procesión
por cárceles,
por tumbas,
por álgidos espacios de opresión.

Madres muertas...
niños lívidos...
ancianos de fe tensa

desembocan protestas
en su sangre concreta.

Es un roble de cielo el Emigrado...
barricada de luna...
firme columna digna...
es tea de flor dura...
arroyo vertical que en su curso denuncia
al déspota del mundo y al fascista de Honduras.

El Emigrado es la patria en sus abrojos...
en su pecho de fibras liberales
reposan las auroras,
tiene el amor cabezales,
la libertad despojos,
y se reúnen los pobres
junto a su corazón, que es quiosco rojo.

Y la protesta es águila sombría...
flechazo de Lempira...
dialéctico hilo de ira...
maldición perenne y fría.

El Emigrado es puño de la tierra...
meteórico cactus...
carcaj de agudos arreboles...
casa de lumínico tejado...
es fuete huracanado...
incendio de piel mansa...
ola con faro...
grímpola de esperanzas y gonfalón sagrado:
¡Es un pino errabundo el Emigrado!

LAS IMPRECACIONES

CANTO A TEGUCIGALPA

Claudio Barrera

Esta ciudad es isla,
sin senda hacia el ensueño.
Sonámbula entre esperas
donde se balancean cansados los recuerdos.
Donde cada tristeza camina cabizbaja,
sin poderse ausentar, y hasta parece
que aumenta la aridez de la nostalgia.

Esta ciudad se duerme
cada vez que amanece.
Cuando cruzan sin alas las nubes en los cerros,
y que se han desprendido
para llenar de verde su paso aventurero.

Hasta el mar, en un solo paisaje
loco de soledad, quiere romper el horizonte,
irse sin huellas de palabras humanas
y familiares,
aunque fuera a la sombra salvaje de algún monte,
y que no recordara otros lugares.

Nos llaman las visiones de mareas lejanas...
Y nuestras manos trémulas, tendidas vanamente,
sienten cómo hasta el peso de un clima oscurecido
cae lento y pausado;
más pesado y más lento que la muerte.

Esta ciudad es isla,
con un trajín de colores desvanecidos,
como barcas abandonadas
en las riberas del mundo.
¡Panoramas sin voz de remeros perdidos!
Es como un gran naufragio

que se hubiera paralizado
en una cuerda absurda y sin sentido.

La misma risa es como el filo
del odio, sobre gotas de sangre.
La palabra es oscura,
como si fuera pedazo de la noche,
y el porvenir es como un río sucio,
con peces ciegos, con barqueros frenéticos,
que tuvieran pedazos de estrellas en las manos,
con lunas en los ojos,
desgarrados de sueños
y a la sombra de un árbol esquelético.

¡Qué absurda esta ciudad!
Cada barquero muerto, sin saberlo, es la sombra
de un pescador vulgar, que llevara deshechos
desperdicios del mundo entre los ojos.
Cada barquero muerto
eres tú y soy yo. Somos nosotros,
que con la red de lo vulgar a cuestas
—muellemente indolentes— bajo el árbol del tiempo,
vemos cruzar los sueños, como cruzan
las invisibles sombras del silencio.

Algunos enlunados con astros imposibles,
vamos con los rosarios de versos en las manos,
como los sacerdotes de templos invisibles
que oficiaran la misa de Verlaine y de Poe,
de Silva, de Darío, de Musset o Rimbaud,
por las noches profundas,
por las pascuas tremendas,
cuando hay buitres terrosos
en las cúspides claras,
donde los niños, locos,
van extendiendo un grito
que es el golpe del hambre
sobre la tierna rosa de sus caras.

A medianoche hay música salobre,
herida, transparente, de carne sudorosa,
con olor a mujer encarcelada
por el prejuicio esclavo, colonial,
que el hombre alienta en vena socavada...

Borrachera perenne,
monstruosamente gris, sanguinolenta.
Se balancea,
como las frías doce de la noche
en la campana de la aldea.
¡Es como el cortejo tropical de la muerte!
Borrachera en la sangre y en el aire.
Borrachera en el agua, la tierra y la palmera.
En las manos del hombre,
sin ojos, sin camino y con fronteras.
Borrachera en la voz y en el abismo. Borrachera
en la inconsciencia dura,
como el filo terroso
de un corazón de piedra.

Esta es la ciudad,
alejada del mundo por invisibles y dolidos muros.
Lejos de su pasado,
infinitamente distante del futuro.
Está suspensa de un hilo de desidia y maldad.
La ignorancia se extiende como una araña loca,
mordiendo el corazón de las escuelas,
y cruza por las calles sucias de la ciudad.

Cada hombre que lee, ha puesto cal y canto
en sus labios, para matar la voz.
Ignora su horizonte y habla de lejanías,
y ciudades distantes,
y por miedo y tristeza y abandono y cansancio,
reza a Dios.

Es un cuadro aburrido de burgueses en siesta.
Pero en el fondo, como flor del abismo,

vemos una llama de idealismo
alumbrando un inmenso corazón de tristeza.

Las pláticas se pegan,
como las mariposas en los libros,
llenas de mil colores, pero muertas.
Y por humanizar las ilusiones
bajamos nuestro verbo
al corazón en cruz de la pobreza.

Pobreza hedionda a lodo.
Hedionda a tierra muerta.
Hedionda a soledad.
Hedionda a todo.

Yo te he visto, ciudad,
reír únicamente en la tragedia.
Has tenido un aliento de fiera acorralada,
con olores a pólvora y metal.
Me has hablado del Sur, con sus hombres
quemados en la brisa filosa de la sal.
Me cuentas en leyendas de plata marinera,
de islas recién nacidas llenas de soledad.
Me has hablado del Norte, con un espectro horrendo,
caminando entre lluvias verdes de bananal.

¡Lodo! ¡Miseria! ¡Muerte! Cortejo dibujado
entre un silencio amargo
que rasga nuestros ojos con filos de puñal.

Minerales fantasmas cruzan por estas calles.
Oro, plata y pulmón.
Oro y plata nativa, que sangra y que se va.
Pulmones enfermizos. El bacilo de Koch
se queda entre nosotros, nos ata a su dolor,
y rondamos la muerte como única verdad.

Por eso,
si mirara que estuvieras alegre,

te desconocería, ciudad.
Quisiera haber hallado en la luz de tus ríos,
en la plata del cielo,
en la esmeralda trémula del monte,
en la cuerda invisible
que vuela en plumas de oro
del pájaro que cruza el horizonte;
en la estrella lejana y en la paz de los cerros,
quisiera haber hallado
pasta para estos versos.

Yo no puedo arrullarte con una canción mía,
porque sería cómplice de tu dura indolencia
y hasta temo que en mi alma te quedaras dormida.

Quiero decirte claro
lo que siento en las venas
con tu sol y tu aliento.
Lo que miro en tu historia,
escrita a garabatos,
en la piedra, la tierra y el cemento.
En la dureza a plomo de tus hombres,
sin corazón ni verbo.
En la apacible esfinge sonrosada
de la mujer esclava y altanera;
mujer hecha de penas para las alboradas
y hecha también de lágrimas para la primavera.

Si tuviera, ciudad, que saludarte,
a mi garganta oscura de mestizo legítimo,
se enroscara el dolor,
con intención tal vez de estrangularme.
Si tuviera que darte la mano,
sentiría la duda —tibia como la sangre—
corriendo locamente hasta el cansancio.
Si tuviera que amarte,
tendría que llevar pasta de santo,
y engañarme contigo
en la dulzura absurda de otro canto.

Yo no puedo hablar de otra manera.
Si hablara el robledal,
resentido estuviera del hombre que lo corta
y no lo siembra.
Si el río Ulúa hablara, por ejemplo,
espantado de muertos estuviera.
Si nuestros montes concibieran voz,
nos iban a decir de una aventura
sin ley, sin sentimientos y sin Dios.
Si hablaras tú, ciudad,
arrastrarías tu eco, como arrastra
sus pedazos de angustia la orfandad.

¡Qué triste es para ti, de seno maternal,
ver a tus hijos nuevos,
hechos con la madera más justa y más cabal,
crecer en lejanías, irse de tu regazo
como los ríos que se van al mar!

Valle no se nutrió de tus entrañas
para marchar lumínico a la posteridad.
Y hubo un hijo más recio, más humano,
Francisco Morazán,
que para verte grande,
se fue hasta el horizonte de la inmortalidad.

¡Te vas quedando sola!
Por eso es que este canto tiene tanta verdad.
Se va de ti el amor,
como van estos versos,
con un poco de angustia y un poco de maldad.

Y no estoy resentido contigo, ciudad;
al contrario, yo soy un preferido,
tengo la gloria de poder decirte
íntimamente, como en la amistad:
¡Estoy emocionado de haberte conocido!

Pero no es eso todo.
Tu esperanza se aplasta de cansancio y de lodo.
La vida va pasando tan lenta y aburrida
que he visto pensamientos adornados con moho.

Además, voy contigo,
te ato a mi desaliento,
cuando te desbaratas entre mi soledad.
Cuando te miro lejos —muy lejos— entre luces
que rompen los murales de un problema social.
Íntimamente entonces te miro y te comprendo;
eres una esperanza desprendida al azar,
para que hombres futuros
echen el trigo fértil de la cosecha humana,
y seas tú un camino de grandeza y de paz.

Y así, con toda el ansia, gritarte desde el tiempo:
¡Al fin nos comprendimos,
ya somos camaradas, ciudad!

Por eso te he elevado este canto tan duro,
que nunca te dijeron poetas de otras edades,
porque es una parábola tendida hacia el futuro
que lleva el agrio y dulce sabor de las verdades.

CANCIÓN DE ODIO

Óscar Castañeda Batres

San Pedro Sula, novia mártir,
azahar herido, lirio mancillado,
pétalo vulnerado,
deja que diga por ti
esta *Canción de Odio*.

Sulfúricas corroen las preguntas
la soledad de tus calles antiguas:
¿Quién mancilló tus místicos laureles?

¿Quién holló los jardines florecidos?
¿Quién la virginidad del panorama?

General del Espanto, ¡yo no diré tu nombre!
Lo saben la alborada y el mediodía ardiente,
el herido crepúsculo y tu preferida noche,
la pobre novia viuda y el padre inconsolable.
Lo deletrea el niño, lo padece la flor,
y lo cose o golpea el artesano.
Lo dicen en sus quejas las acacias,
lo distribuye el viento,
lo almacenan las piedras para que no se olvide,
la lluvia lo repite
y lo recoge el río para guardarlo siempre.

Puedes prohibir las rosas,
talar los orgullosos eucaliptos,
exterminar la tribu de los pájaros,
ordenar la vigencia de los grises
proscribiendo los verdes sediciosos;
todo lo puedes,
pero tu nombre
nunca podrás borrarlo de San Pedro Sula.

Te señalan los tímidos zorzales:
—«Es peor que las hienas».
—«Engendro de demonios»
te ha proclamado el hierro.
—«Heridor de la luz»
te silba el viento.
—«Herodes de las risas»
te llaman las escuelas.

General, Presidente del Miedo:
cuando un año después
volví a San Pedro Sula,
estaba tu retrato en las paredes.
Allí lo fijó el odio,
por maldecir tu nombre en cada hora;

como en vudú de espanto,
para herirte los ojos;
para no olvidar nunca
tu fúnebre epopeya de vampiro.

Ya lavaste la sangre.
Muy temprano barrieron hoy las calles.
Ocultaste los muertos,
les negaste el derecho de una tumba
y el amor de los suyos en ofrendas florales.
Vives sembrando olvido.
Por las treinta simbólicas monedas
te ha vendido sus lágrimas alguno.

Pero no, General, Doctor del Crimen:
la sangre no se borra,
aparece de nuevo cada día.
¡La sangre está en tus manos!
¡No las escondas, muéstralas!

Los muertos están vivos:
han tornado al lugar donde cayeron
y caen diariamente,
repitiendo la escena.
¡Pasa por esa calle, míralos,
tócalos,
háblales!

Ya no siembres olvido:
no crecerá en San Pedro Sula nunca;
no puede germinar sobre la tierra
cuando la abona el odio.

Es inútil huir.
Como Caín serías perseguido:
no podrás ocultarte para San Pedro Sula.
—¡Porque el odio te mira desde adentro!—

General del Espanto:
esta es tu charretera,
esta *Canción de Odio*
por tu batalla de San Pedro Sula:

Que se te niegue todo:
la luz que exterminaste
para inocentes niños;
las flores, el aroma
que les manchaste con olor de sangre;
las risas de tus nietos,
que encontrarás macabras;
la paz para tus huesos;
todo, todo,
sobre todo el olvido.

AHORA SÉ

Pompeyo del Valle

Que vengan con los palos,
que traigan los rebenques y pateen
toda la noche hasta el cansancio.

¡A ver quién de veras!

Antes, cuando mi corazón iba a la escuela,
creía que «Patria» se escribía
apenas con seis letras; pero ahora,
ahora sé que «Patria» no se escribe
sino con muchas lágrimas; que existen
acumuladas muchas destrucciones.

Ahora sé que hay una tierra pobre,
que en ella mueren solos muchos hombres
a quienes explotan otros hombres;
que hay muchas mesas viudas que no saben
cuándo es que llega el pan, cuándo es la hora
de conversar moviendo las cucharas.

Ahora sé que hay muchos agujeros
en las semanas y en los dormitorios
donde en sus camas paren las mujeres
de muchos otros hombres.

Ahora sé que tienen las palabras
una misión suprema; que no basta,
ay, con decir: «¡Dios mío!»,
«ceniza», «madre», «muro», «enredadera»;
que hay que golpearlas duro
hasta que estallen,
echando chispas como los cometas.

Ahora sé. ¿Comprendes? Ahora sé.
Ya sabes, las palabras.
Hay que golpearlas duro
hasta que estallen,
hasta ponerles roja la semilla.

CUANDO ENTRE HIERROS ME PUSIERON

Pompeyo del Valle

Cuando entre hierros me pusieron
los carceleros de mi patria,
para que no cantara tu hermosura,
oh, virgen combatiente,
sonora estrella, luminosa
palabra de los libres,
yo soñaba contigo;
yo besaba uno a uno
tus pétalos dispersos
de rosa elemental; yo despertaba
a cada amanecer con la memoria
de tu luz en el alma.

Yo soñaba contigo,
recordando
muchos nombres queridos

de seres y comarcas.
De noche, en el silencio de mi celda,
cuando sólo se oían
los pasos del guardián
como golpes de cuero
rebotando en los muros,
confiaba en tus banderas,
y todo en mi interior resplandecía.

Porque no hay fuerza en el mundo
capaz de detenerte,
ni piedra ni puñal que te aniquilen;
porque tu mano, oh, virgen,
dadora de esperanza,
capitana,
fertiliza los campos y alimenta
el fuego matinal cuyo mensaje
atravesó las rejas de mi celda,
cuando entre hierros me pusieron
los carceleros de mi patria.

ÁMBITO FAMILIAR

VÍSPERAS DE LA MUERTE

Rafael Heliodoro Valle

I

¡Desamparadas noches de agonía!
¿Y a quién he de quejarme? ¿Y hasta cuándo?
Mi corazón se sigue desangrando
en inútiles quejas todavía.

¡Mi desgarrado corazón que espía
como si fuera criminal nefando!
Y en mi ara desierta, noche y día,
están mis dulces ángeles llorando.

¡Qué suplicio feroz y qué tormento
tan profundo, tan íntimo, tan hondo,
tan agudo como un remordimiento!

Y el corazón cada minuto advierte
que se apresura, muy allá en el fondo,
la víspera terrible de la muerte.

II

¿A qué la voz transida en el quebranto
si el aéreo fantasma está en la altura?
¿A qué el grito en las noches de pavura
ignominiosa? ¿A qué quejarse tanto?

Ni de todos los ángeles el llanto
me vendará la herida. Por ventura
¿ha de volver a mí con la dulzura
que tenía no sé qué desencanto?

¡Qué no daría por volver a verla,
si con sólo pensarlo torna sola
la lágrima exquisita de la perla

en la paloma que vivió de prisa!
¡Qué no daría por tener tan sólo
su sonrisa, tan sólo su sonrisa!

III

Mi corazón es la capilla ardiente
donde ella está de cirios rodeada,
dulcísima la luz en su mirada
y silencio de nardos en la frente.

Era un sueño no más... y, de repente,
se fugó la paloma enamorada;
porque era así, tan suave, suavemente,
toda la dicha y todo para nada...

Era la novia que soñaba, era
la flor en que acendraban sus aromas
ánfora, letanía y primavera;

la que bastó a mi afán de cada día,
—nubes y sueños, nardos y palomas—,
la que esperé y esperó todavía.

IV

Nieve toda la noche y todo el día,
y su sueño al paisaje transfigura.
Así fue Laura, un sueño... y su blancura
otro sueño en el alba de ambrosía.

Era presencia de la poesía,
era la realidad de la dulzura,
y así de silenciosa, así de pura
y así de buena. ¡Y no la merecía!

Larga noche de nieve en la infinita
oscuridad de la terrible espera,
y mi sangre que inútilmente grita,

y su voz que en mi sangre se acelera,
y sólo tú, mi amor, soñando afuera,
allá lejos como una lucecita.

MI PRIMA CARMEN

Tegucigalpa, 4 de mayo de 1945
Rafael Heliodoro Valle

Mi prima Carmen tiene en su ternura el cielo
de Honduras y el aroma de los pinos en flor;
y en sus palabras tiembla la suavidad del vuelo
de las nubes que viajan en busca del amor.

¡Oh niña misteriosa: que el cielo te bendiga,
porque tras las sonrisas el alma se te ve;
y tienes la hermosura dorada de la espiga
y llevas en los ojos un suave no sé qué!...

Dulce niña de Honduras, morena y florecida,
que pasas por la vida como por un jardín;
el amor es la exacta presencia de la vida
y la vida es un breve perfume de jazmín.

ANGELITA

Rafael Heliodoro Valle

Esta es la casa, la ventana aquella;
y se asoma, en silencio de amaranto,
el rostro de ella, que me quiso tanto
y, de tanto sufrir, era tan bella.

Vuelvo a escuchar su voz... pero qué encanto
el de su voz... Me reconozco en ella;
... el no sé qué remoto de la estrella
cuando se irisa y se deshace en llanto...

Viene desde el azul, de los confines
del azul y del sol, con su blancura
de paloma volando entre jazmines;

y en la luz que el recuerdo tornasola,
me mira, en lontananza de ternura,
dulce de amor, inmensamente sola.

¡FIRME, MI GENERAL!

Al General Pilar M. Martínez, muerto en Namasigüe, cerca de la frontera, ante un ejército invasor.
Arturo Martínez Galindo

Me dicen que eras fuerte;
Señor, me dicen que eras como los robles.
Sano, recio y erguido,
y hecho de tal manera
que, de no haber sido hombre,
sino roble o encina,
aún estarías en pie
para vivir mil años.

Me dicen que vivías alegremente.
Que tu risa era enfática:
vio tu risa el Éxito,
y la vio la Alegría y el Dolor y el Fracaso.
Para el débil, las lágrimas.
¡Sólo los fuertes ríen!

Me dicen que eras bueno y acogedor y tierno,
amplio el pródigo pecho y el corazón inmenso
y abierto como un mar...
Aún tienes ese pecho cuando te evoco, y cuando
en mis minutos sórdidos,
como sol de alborada, se alza tu corazón.

Me dicen que eras bravo como las tempestades.
Tu bravura fue un vértigo

que se acalló en rayo magnífico: ¡tu muerte!
Campo abierto. Cañones. Clarines y metralla.
Tal vez un mediodía,
por no ver la derrota, apretaste los párpados.
Y a la tierra sedienta diste a beber tu sangre.

Señor, yo te imagino en tu postrero gesto:
sordo, ciego y espléndido,
besando los terrones bermejos,
ya para siempre rígido, triunfador para siempre,
sin miedo y sin reproche.

Ni por fuerte o por bueno,
ni por jocundo o bravo,
yo te saludo ahora.
Yo no te he conocido, Señor, por lo que dicen,
ni puede mi memoria captar algo de ti,
y aun en tu vieja casa —nuestra vieja casona—
eres nomás un cuadro colgado en la pared...

Pero, Señor, sus lágrimas...
¡Hace un cuarto de siglo que la he visto llorar!
Valen más esas lágrimas que mármoles y lauros.
Yo, que no sé tu risa y tampoco tu lloro,
me cuadro ante tu sombra:
¡Firme, mi General!

QUÉ IGNORANCIA, MADRE

Clementina Suárez

Qué ignorancia, madre, qué ignorancia
para encontrar tus vestidos en el aire.
Qué ignorancia, madre, qué ignorancia
para ver a la rosa en su luz definitiva.
Qué ignorancia, madre, qué ignorancia
para palpar tu carne florecida.
Qué ignorancia, madre, qué ignorancia
para romper la fábula de muerte

y recobrarte tibia en las espigas,
mía en la niñez, amor, amor.
Mía detenida en tu blancura,
sin paños enlutados que te cubran la mejilla,
ni manos sacrílegas que entierren tu esqueleto.

OTRO POEMA A MI MADRE

Clementina Suárez

Madre:
a horas apenas de morir,
tu casa ya no era mi casa.
Sentada en la puerta,
miraba para adentro,
donde la pena empezaba a mancharlo todo,
y el miedo me hacía señas desde lo oscuro.

Anduve descalza, para no despertarte
y retrasar tu viaje.
Me vestí de infancia para recorrer
más rápidos todos tus pasos.
Eché para atrás los años
para comerme el pan desde tus manos.
Como un animal herido, tirité de frío.
¡Ay! —me dije— ¿dónde podré ahora
dejar caer mi cabeza pesada de sueños?

Cuando yo era una niña
buscaba siempre tu falda para gemir.
Y ahora la muerte me quiebra
mi mejor alondra, mi patria madre,
mi señora, mi madona.

No tengo aliento para comerme las manzanas,
ni tengo pájaros para que aniden en el pecho.
Estoy huérfana y definitivamente sola;
podría desde ahora dormir en las calles,

dando gritos de gritos,
sin que nada me consolara.

Pero quizá es tu cara la que me mira
desde adentro, y no deja caer
a mi corazón en la noche.

ELEGÍA A SU NOMBRE

Claudio Barrera

No lo sabré decir, pero su nombre ha muerto.
Se amortajó de rosas en diciembre,
y lo llevaron roto, deshecho entre sollozos
del viento perfumado...
Casi es una agonía.

Antes, cuando eran míos sus ojos pensativos,
tenía alas su nombre.
Y lo dije en el suave susurro de las lágrimas,
y lo oía más dulce que el corazón del tiempo
latiendo entre mi sueño...
Y qué lejano estaba,
apenas un murmullo, un ritmo y un recuerdo;
eso era todo, y nada.

Llegó diciembre y, entre rosas frescas,
se me fue para siempre...
Lo llevaron con lirios al silencio
de la cruz y la tarde...
Parecía que volara con pétalos y lágrimas.

Yo lo retuve en un silencio duro,
con sangre de mis labios.
Me quemaba los ojos, parecía
que se quedaba en mí, en mi garganta,
para irlo deletreando por la vida.

Se llamaba Delfina.
Era un nombre al azar, que se quedaba
incrustado en mi sangre.

Yo lo sentí nacer en mis palabras
y jugar cuando niño. Yo lo sentí llorar
en las nocturnas veladas de diciembre,
sin pensar que los años irían apagándole
sus letras, hasta perderse un día para siempre...

Se llamaba Delfina.
Aprendimos a amarlo con el agua,
con la luz y el sonido. Aprendimos
a decirlo en silencio.
Rezamos con su nombre,
porque era primordial en la esperanza.

Después dijimos tanto,
que se llenó de vanidad el alma;
sin embargo, su nombre,
limpio con la pureza que Dios quiso
darle a su acento
para hacerlo dulce,
se quedó luminoso en nuestras almas.

Ese día la muerte vino entre flores
a llevar su nombre...
Con pétalos de rosas y con lágrimas
lo recogió el silencio...

Lo llamamos a gritos en la calle.
Se llenaron de llanto nuestros ojos.

Y como un vuelo de ángeles,
él se fue para siempre entre suspiros...
él se fue para siempre entre sollozos...
él se fue para siempre a su destino...
él se fue para siempre entre las últimas
flores que sepultaron esa tarde...

AL PADRE

Asesinado hace 30 años y cuya muerte —en estas 10,957 noches—
jamás visitó mi sueño.
Jaime Fontana
Buenos Aires, septiembre 29 de 1962

I

Sé por qué no te aburres de estar muerto
mientras yo lacto lo vital del día:
tú vives en mi noche. Se diría
que sólo mueres cuando yo despierto.

No es un caso más de amor o de porfía
en recordar. Tu vida es algo cierto;
no he podido soñarte todavía
sin tu caballo o sin fundar un huerto.

Recuerdo apenas: mediodía en punto,
la bala gris, el llanto de mujeres
y mi niñez tronchada en lo más blando.

Tal mi diurna verdad. Pero pregunto:
—después de diez mil noches que me mueres—,
¿quién está muerto y quién está soñando?

II

¿Quién está vivo y quién, en otra esfera,
hace del otro su nocturno invento?
Y qué sería si por un momento
el turno de vigilia coincidiera.

Si tú me sueñas para que no muera,
y si sol y mujer, hijo y aliento
sólo son tu dormido pensamiento...
¡No me animo a pensar lo que me espera!

Siempre aparta tu muerte de mi almohada,
tu noche de mi noche. Y cada día
no olvides inventarme y que despierte.

Porque no quiero aún la descarnada
verdad de este soñarse, qué sería
para los dos la verdadera muerte.

POEMA DEL REGALO SENCILLO

Miguel R. Ortega

Se te acuestan las canas en un desmayo blanco:
es que un poco de tu alma se agazapó en tus sienes.
Tienes en ti el zodíaco de las renunciaciones,
y un chorro de palabras en tu silencio tienes.

La sombra, antes, perdía concursos en tu pelo.
Yo aprendí mi tristeza en tu mirada quieta.
Y si hiciera un elogio de tu bondad diría
que hasta me has perdonado que yo sea poeta.

Hoy es tu día, madre, y no tengo qué darte.
Hoy que recuerdo, siempre nunca he tenido nada.
Como me siento niño, te diré lo que quiero:

De noche toman clases de natación los astros;
si me prestas tus manos me llegaré al estanque,
y, para regalártelo, atraparé un lucero.

MI PADRE

Héctor Bermúdez Milla

Saludaba a la vida de manera oportuna,
con una semisonrisa, alzando su sombrero,
y esquivó los cuernos de la mala fortuna
con limpios y gallardos quites de torero.

Era un hombre armonioso, de mediana estatura,
color de roble oscuro, perfil de línea fuerte;
su espíritu, en nosotros, era la buena suerte,
como para el supersticioso lo es una herradura.

Por él tuvimos siempre casa,
con la piadosa y oportuna brasa
durante la noche frígida del invierno;
el pan proveniente de sus manos leales
se repartía en proporciones iguales.

Recuerdo mi disputa continua con mi hermano,
en la cual mis hermanas se afiliaban
a uno y otro lado,
acalorando el ánimo de aquel litigio diario,
hasta que nuestro padre, con timbre autoritario,
nos unía a todos cual si fuéramos
cinco dedos ceñidos en un puño solidario.

MANÍAS DE MI PADRE

Héctor Bermúdez Milla

A la hora del crepúsculo, hora en que se sueña,
cuando el horizonte ardía como un haz de leña,
se asomaba extático a la puerta
y diseccionaba en el azul cada celaje;
después aprisionaba el alma de la tarde muerta
y la dividía en trozos de paisaje.

Contaba ya sesenta y siete años,
y aún vibraba en él la fuerza latente del acero;
iba tranquilamente cruzando por la vida
y saludándola con un breve ademán de su sombrero.

Pero una noche, cuando él no lo esperaba,
se quedó dormido en la eterna siesta,
indiferente al mundo, al correr del tiempo,
y a los alborozos de la patria en fiesta.

Desde su inmenso y gris día de asueto,
desde su marcha hacia la muerte vasta,
mi dolor es soldado que vela su recuerdo
y mi corazón... bandera a media asta.

MI HERMANO ANTONIO

Héctor Bermúdez Milla

El sueño es alguacil, querido hermano,
ministro del interior de poro y nervio,
ordena carne de flor, cuerno de toro,
exhortosa un olvido sin remedio.

Ejecuta en la mano el latigazo,
o acaricia en los ojos los murales,
y descansan las huellas digitales
y la retina dolorida un rato.

El sueño es capitán, mi buen hermano —
célula vieja o batallón recluta—,
hace del ser como un cuartel humano.

Tu sueño y realidad beben tu vino,
y ves el espectáculo sereno,
juvenil veterano acontecido.

EL SABLE DEL ABUELO

Armando Zelaya

Las nieves que cuaja el tiempo le coronan la cabeza,
sus brazos antaño fuertes se mueven cual ramas secas,
entre los labios enjutos,
la negra pipa que humea,
y en su mirar divagado,
gloriosas reminiscencias.

(Recuerda sus compañeros,
cuyas vidas pasajeras,
entre páginas de un álbum,
retiene con gran vehemencia).

En su cuarto, todo lleno
de libros y cosas viejas,
guarda el abuelo celoso
una ya derruida prenda,
que cuida con gran esmero
y a todo el mundo le muestra:
¡Es el machete que usara
en pasadas montoneras!

Lo he visto en los días grises
y lluviosos del invierno,
con los ojos enturbiados
por las sombras del recuerdo,
narrar extrañas historias
de batallas y de muertos,
de ciudades incendiadas,
de mujeres y saqueos;
de su agitada existencia
que se perdió entre fusiles,
y del falso patriotismo
de los líderes de aldea.

Calla y recuerda la guerra
que por los cerros llevara,
cegando vidas hermanas
por una causa cualquiera,
y se extasía ante el sable
que del viejo techo cuelga,
y que mudo narra hazañas
de pasadas montoneras.

EL ROMANCE DEL ABUELO

David Moya Posas

El cigarrillo en la boca
y la vista sobre el cielo.
Así se pasa las horas
de esparcimiento el abuelo.

Otro tiempo fue de roble,
fuerte envoltura de anhelos.
Cuando la noche dormía
arropada en sus cabellos.

Cuando en ventanas abiertas,
bajo una sombra de aleros,
abrió sus brazos al tiempo,
aprisionando luceros.

Y existió más de una noche
de esos tiempos que se fueron,
en que, crispados los puños,
tuvo la gloria de un duelo.

Hoy el cuadro ha dado vuelta,
porque ninguno es eterno;
pero todos reconocen
la madera del abuelo.

Y me parece que lleva,
de las guerras de aquel tiempo,
en sus bigotes de oro,
los resplandores del fuego.

Pues cuando pasa arrogante
entre las casas del pueblo,
hay un revuelo a su paso
entre copas de sombreros.

LA PALOMA

(Una canción para Nadezda)
Pompeyo del Valle

Desde que no te veo,
paloma mía,
tengo triste la rosa
de la alegría.

Desde que tú me faltas,
me sobra el frío,
me abundan las soledades,
muerdo el vacío.

Mi niña: de tus cabellos
me han apartado
tiranos odios nocturnos,
déspota airado.

Paloma rubia del día,
—luz del verano—,
un hueco tengo en el pecho:
tu amor lejano.

Paloma, vuela, paloma,
vuela volando,
y un beso ven a dejarme
de contrabando.

No dejes que te divisen
sobre las flores,
que si te ven disparan
los cazadores.

Que no te vean, no,
cortando el cielo,
que si te ven, paloma,
paran tu vuelo.

Si hoy no puedes venir,
ven otro día,
a revivir la rosa
de mi alegría.

Si vienes, cuida, paloma,
que no te vean,
que si te ven, paloma,
siguen tu huella.

ESTUDIO DE MI MADRE

Pompeyo del Valle

Mi madre tenía la piel blanca y los ojos castaños.
Su vida fue corta y nada fácil.
Le gustaba vivir y soñar en cosas imposibles.
A veces se ponía una flor en los cabellos y cantaba.
La espuma del jabón corría, en tanto —olorosa, inocente—, por sus
manos.

Mi madre tenía los dedos finos, tiernos y hábiles.
De sus manos salían flores, frutos y pájaros de hilo.

Amaba la belleza y vivió poco.
El sol brillaba sobre su frente de muchacha.

EL NIÑO

Óscar Acosta

Tu niño es también mío:
lo hemos formado juntos,
uniendo los alientos
y las manos.

Arcangélico niño
es tu niño,

hecho de amor; una ala
dulce en nuestro hogar;
un huésped para siempre
en nuestro cálido convite.

¿Qué significa entonces eso
de que tu niño es tuyo?
Es nuestro, amor, vida,
somos nosotros juntos
en un niño.

SERGIO MAURICIO

Óscar Acosta

El niño, este niño
casi recién nacido,
parece un cervatillo
que mira el cielo,
a su hermana y hermano,
los rostros familiares,
la sonaja rojiza
que cuelga de la cuna,
las ventanas de vidrio.

Qué ojos más asustados
tiene el niño.
Lo angustian los ladridos
del perro de la casa,
los golpes fuertes,
las estridencias,
mientras piensa
en el seno materno
con una sed de siglos.

Sergio se llama el niño,
Sergio Mauricio,
y ya tiende los brazos
para que lo levanten:

le gusta estar en vilo
como si ya supiera
de las delicias del peligro.

En su mundo de leche,
de caricias y ruidos,
—su corto paraíso—,
el niño está feliz
durmiendo a todas horas
su sueño sibarítico.

Cuando la luz se apaga
y estamos solos,
definitivamente íngrimos,
en su rostro redondo,
en sus ojos,
en su pelo suavísimo
pongo a veces
un beso repentino,
y con mis torpes labios
de blasfemo e impío
desearía tener
la facultad de bendecirlo.

QUE NO DESCANSE

Óscar Acosta

"Descanse en paz"
les dicen a los muertos,
pero yo no deseo
que mi padre descanse
para siempre.

Quiero que viva,
que se levante
y ande.
Que no descanse,
que se ponga camisa

y pantalón,
sombrero ancho,
que fume su tabaco
cotidiano,
que tome su tranquilo
café,
que respire,
que lea.

Que no descanse.
Que no pudo sacar,
aunque lo quiso,
a los fariseos
del templo.

Mi padre fue hombre
honrado y pobre,
y por tener
las manos limpias
en esta tierra sucia
casi lo fusilan.

Que no descanse,
yo quiero verlo aquí,
lleno de sangre
y carne,
resucitado,
diciendo su palabra.

Que con su lengua
trate mal a la muerte,
que camine en la luz,
que golpee
su puño diario.

Que levante las manos
y toque con sus dedos
la mañana.

"Descanse en paz"
les dicen a los muertos
para que se refugien
en su lápida.
Pero no quiero
que mi padre descanse
en sorda tierra.

Que no descanse.
Que su nombre tiemble.
Guerra a la muerte.

MI PADRE

Roberto Sosa

I

De allá de Cuscatlán del sur anclado
vino mi padre
con despeñados lagos en los dedos.
Él conoció lo dulce del límite que llama.
Amaba los inviernos,
la mañana,
las olas.
Trabajó sin palabras
por darnos pan y libros,
y así jugó a los naipes vacilantes del hambre.
No sé cómo en su pecho
se sostenía un astro,
ni cómo lo cuidó de las pedradas.
Sólo sé que esta tierra,
constructora de pinos,
le humilló simplemente.

Por eso se alejaba
(de música orillado)
hacia donde se astillan crepúsculo y velero.

Miradle, sí, miradle,
que trae para el hijo
gaviota
y redes de aire.
Mi puerta toca y dice: buenos días.
Miradle, sí, miradle,
que viene ensangrentado.

Después,
los hospitales
y médicos inmensos vigilando la escarcha.
Su traje y desamparo combatiendo el espanto.
Sus pulmones azules,
la poesía
y mi nada.

Un día sin principio cayó en absurda yerba.

Su brazo campesino
borró espejos
y rostros
y chozas
y comarcas;
y los trenes del tiempo,
en humo inalcanzable, se llevaron su nombre.

Nueve le dimos tierra.
Aún oigo los pasos
de asfalto,
ruina y viento.
Las campanas huyendo
y el golpe de la caja que derribó el ocaso.
Yo no hubiera querido regresarme
y dejarle inmensamente solo.

Frente al agua del agua,
padre mío,
¿qué límites te llaman?
Mi niño bueno, dime,

¿qué mano pudo hacerlo?
Dejadle.
Así dejadle: que nadie ya le toque.

II

Quien creó la existencia
calculó la medida del sepulcro.
Quien hizo la fortuna hizo la ruina.
Quien anudó los lazos del amor
dispuso las espinas.

El astro no descubre su destello.
Ignora el pez el círculo del astro.
Se halla solo el viajero
en su deseo de llegar a la cruz del horizonte.
Es lenta la partida y el sendero lento.
La luz
se borra en la extensión, y el universo,
en lo que no se sabe.
Caen las rotas hojas de los árboles.
El hombre —maniatado en sus orígenes—.

Mi padre
tenía la delgadez en sombra
del cristal en el pecho;
cuando hablaba, a la hora de la espesura,
se volvían sus labios inmortales.

Sin su decidida bondad
no existiría,
para mí, esa calma y su ojo de pájaro en reposo.
La pobreza sería una divinidad indigna.

Alegraré lo triste de los días.
Seré un grano de arena o una yerba.
Saludaré,
como antes,
las arañas de luces que cuelgan de la esfera,

todo ello
para tocar sus hombros,
porque,
¿qué hubiera sido de mí, niño como era,
de no haber recibido
la rosa diaria
que él tejía con su hilo más tierno?

Vienen a mi memoria,
sin que pueda evitarlo,
las ciudadelas que recorrimos juntos;
el griterío de la gente
ante la pólvora y sus golpes en el aire;
los íconos custodiados de cerca
por la astucia de los frailes de pueblo.

O por los sucesos de aquel puerto: el mar, me acuerdo,
vestido de negro, abandonó la orilla.
Al fondo
se erguía la presencia del hielo, martillo en alto;
en ese entonces, padre,
padeciste en tu carne
el dolor del planeta.

El agua
ha dispuesto
sus muebles de lujo en el césped.
Los frutos están bajos para todas las bocas.
Él estaría ahora tratando de alcanzarlos,
reflejados en el río. O vendría a buscarme
y me diría: "No me dejes. Soy un viejo ya.
Tienes que volver a mi lado. Ayer
escribí una carta a tu madre. Sabes,
cuando oigo los gritos
de los pájaros del lugar,
siento que algo
me une más a ella".

Caminaba
—doy mi testimonio—
del brazo de fantasmas
que lo llevaron a ninguna parte.

Caía,
abandono abajo, cada vez más abajo,
más abajo,
con ayes sin sonido,
repitiendo ruidos no aprendidos,
buscando continuamente
el encuentro con los arrullos dentro de la apariencia.

Queda el eco en el muro.
Subsisten
los aullidos del ultrajado.
La sangre del cordero
no la limpia el curso de la fuente:
se adhiere en la piel de los verdugos,
y cuando ellos abren sus roperos,
surge su mano nunca concluida.

No.
Para ellos no habrá quietud posible.
El humo de las hogueras apagadas
eleva sus copas acusadoras.

En sus refugios hallarán un tiempo de duda;
en sus lechos
estará esperándoles
la rapidez del áspid.
No.
Para ustedes
no habrá tregua
ni perdón.

En este mismo sitio
me habló de la ventisca
que azota sin descanso los asilos,

de su amor a los árboles en medio del silencio.
Hoy,
que no vamos juntos,
me siento entre desconocidos
que esquivan la mirada.

Hoy,
que no está en mi mesa
compartiendo mi turbio vaso de agua,
debe estar más solo de lo que imagino.

La lluvia en el cementerio
se convierte
en una catedral extraída de la plata.
Dentro, en los altares,
viudas de blanco
rezan cabizbajas.
Lejos
se oyen
las voces
de un coro que no existe.

Me llevas de la mano,
como lo hacías antes.
Entramos en la única casa
que ha quedado en pie
después de la destrucción del día.
Cruzamos avenidas
que conducen a un mundo derrumbado.
Creemos escuchar una canción.

Volvemos: tú alto y yo pequeño,
pequeñito, para no hacerte daño.
Señalas la distancia.
Te quitas el pan de la boca
para salvarme un poco.

Padre,
yo pienso que vives todavía.

De aquí partió y reposa bajo tierra.
Aún me duele el esfuerzo último de sus brazos.

ELEGÍA A LA MADRE

Filadelfo Suazo

En un vientre de estrellas germinaste mi nombre,
tus caricias de azúcar se llevó la mañana,
yo anhelaba la cuna de tus brazos azules,
pero un viento profano se llevó tu sonrisa.

Quedó preso el destino,
los caminos eternos, a manera de ríos,
arrastrando silencios y amarguras sin nombre.

De la sombra perdida donde estaba la aldea
vino el rayo inmediato, incendiario del sueño,
y una voz estrujante reclamándome el verso.

El temblor del espíritu y el temblor del paisaje,
y una voz estrujante reclamándome el verso.
La sombra de tu viaje hundiéndose en el tiempo,
y una voz estrujante reclamándome el verso.
Dormida la mañana sobre los campos grises,
y una voz estrujante reclamándome el verso.
Las rosas marchitadas en los libros abiertos,
y una voz estrujante reclamándome el verso.
Dios, en medio de todo, sin decirme palabra,
y una voz estrujante reclamándome el verso.

Junto a la tumba tuya, el recuerdo perfecto:
barro, estrella, esperanza,
y una luz que venía de tus huesos perdidos
bajo el altar de tierra.

Sobre la cruz de sombra que sembraron las gentes,
una sola palabra señalando el misterio.

Madre, toda mi historia, mi canción y mi todo,
amarrados a ti por un hilo de sangre.

Esta risa, esta azúcar y este sol de mis venas,
amarrados a ti por un hilo de sangre.
Esta angustia, este celo y esta diaria penumbra
que nace, nace y nace, y no termina nunca.

Todo tiene tu esencia, tu mensaje heredado;
la casa de mi idea tiene un eco profundo,
y siento que me llega desde tu lejanía
para romper a gritos las murallas del mundo.

LA MADRE AUSENTE

Óscar Acosta

Mi madre es una señora muy humilde
que ha hecho de su corazón una casa iluminada.
Se le mueven los ojos profundos al verme,
y yo sé que me ama.

Ha gastado sus manos en la vida
y tiene para mí sus más suaves palabras.
Es hermosa mi madre,
y es más tibio su corazón cuando me habla.

Con sus dedos pequeños y su afán
cierra en las noches frías la ventana.
Me duele haberme visto tras sus lágrimas,
que ahora aroman como lámparas.

Tengo siempre presente su tiernísimo rostro,
y lo repito dulcemente en voz baja.
Ella supo encontrarme entre la ausencia,
y desde su alta lengua las alondras me llaman.

Sé que todos los días me recuerda
y que siempre le urge mi llegada.

A su paso la tierra es transparente,
y al lavarse las manos caen luceros en el agua.

La cena hubiera sido más amable si nosotros,
sus hijos, hubiéramos tenido una pequeña hermana.
Pero no estamos todos en la mesa,
y nos convierte en niños el nombrarla.

Al pronunciar su nombre, las abejas
hurtan sus sílabas y reman con sus alas.
Yo, que ahora la beso desde lejos,
quiero tener de nuevo la mansedumbre de la infancia.

UNA NIÑA

Óscar Acosta

Sólo una niña. Sólo una niña
hay en este mundo. Sólo una niña
dulce, tierna, tibia como un lucero.

Sólo una niña. Sólo una niña
para amarla por los cuatro costados,
para querer sus calcetines, sus zapatos,
sus camisas, sus sombreros;
para querer lo que ella tenga:
sus sollozos, su inocencia,
su risa de dos lados.

Sólo una niña hay en este mundo,
sonríanle, amiguitos, que es la única,
que no hay otra chiquilla como ella
a miles de millas a la redonda.
Disfrutemos de su presencia en esta casa.

Que en la puerta las bandas de música
municipales llamen a todo el mundo,
que llamen a los pájaros, que llamen
a los niños, que llamen a los hombres,

que las mujeres vengan a verla
con el brazo apoyado en su maternidad,
en su grandísima envidia;
que vengan a ver a esta niña
dulce, tierna, tibia como un lucero.
Que vengan a ver a mi hija.

LOS INDIOS

MADRE INDÍGENA

Céleo Murillo Soto

Desde más allá de la miseria,
cercada por los muros del llanto,
serena ante la vida y los propios dolores,
reposas tu mirada, tu triste fiebre,
y tu congoja luminosa...

Entre tus tibios brazos,
por los ríos del llanto y de la sangre,
sin pañales ni alburas,
entre abismos de indecible miseria,
cerrado por tus brazos
que le sirven de cuna,
tu pobre niño, tu niño triste,
llora, transido de dolor y espanto.

Este mundo es injusto,
madre desamparada.
Este mundo es amargo y cruel y fatigante,
y rezuma dureza y pavor y amargura.
Porque a veces los hombres no saben los secretos
y cierran sin saberlo cauces a la alegría,
a la suave bondad, a la humana ternura.

Junto a tu pecho...
Madre, un niño mira
triste las cosas que no tiene:
las vitrinas con ropa y con zapatos,
la blanca porcelana y los cristales,
la pelota con números que cantan,
los suaves trenes y los curvos rieles,
los últimos modelos en pequeños vehículos,
muñequitas de nácar, gondolitas de bruma,
trajes para los sueños
—el mundo de los juguetes—,
y un Santa Claus sonriente que promete regalos,

pero que para ti no trajo nada,
porque tu niño nació en tu pobre carne,
para vestir harapos y sufrir injusticias,
mientras el mundo ríe y hay gentes opulentas
a quienes sobra todo, mientras a ti te falta.

Desde más allá de la ternura
y los dolores de la vida:
Madre indígena, canta tu dulzura,
y sabe a nardo tu mirar sereno,
y tu pobre sonrisa se agiganta,
más suave y comprensiva que la tierra,
más amable y fecunda que la vida,
porque en tus brazos de inmutable savia,
entre el pavor del hambre y el frío desamparo,
crece un hombre de rostro como el tiempo,
más humano y más fuerte que la dura tristeza,
más desolado y frío que los páramos,
más resignado y puro que los sueños,
más sereno que el tiempo que pasa y permanece,
porque has visto crecer sobre su carne,
como amapolas de iracunda fiebre,
en jirones sus pobres vestiduras,
que trasuntan harapos.

Bajo el cielo de añil y el aire lácteo,
mientras crece en tu carne fecunda la dulzura,
y te cubren harapos las carnes milagrosas,
te crece un hombre entre los brazos trémulos,
y un alba por venir te dice: espera,
porque el hambre no ha sido para el hombre
cárcel de permanentes sacrificios,
ni siembra insuperable de amarguras.

LOS INDIOS

Roberto Sosa

Los indios
bajan
por continuos laberintos
con su vacío a cuestas.

En el pasado
fueron guerreros sobre todas las cosas.
Levantaron columnas de fuego
y a las lluvias de puños negros
que someten los frutos a la tierra.

En los teatros de sus ciudades de colores
lucieron vestiduras
y diademas
y máscaras doradas
traídas de lejanos imperios enemigos.
Calcularon el tiempo
con precisión numérica.
Dieron de beber oro líquido
a sus conquistadores,
y entendieron el cielo
como una flor pequeña.

En nuestros días
aran y siembran el suelo
lo mismo que en edades primitivas.
Sus mujeres modelan las piedras del campo
y el barro, o tejen,
mientras el viento
desordena sus duras cabelleras de diosas.

Los he visto sin zapatos y casi desnudos, en grupos,
al cuidado de voces tendidas como látigos,
o borrachos balanceándose en los charcos del ocaso,

de regreso a sus cabañas
situadas en el final de los olvidos.

Les he hablado en sus refugios,
allá en los montes protegidos por ídolos,
donde ellos son alegres como ciervos,
pero quietos y hondos
como los prisioneros.

He sentido sus rostros
golpearme los ojos hasta la última luz,
y he descubierto así
que mi poder no tiene
ni validez ni fuerza.

Junto a sus pies,
destruidos por todos los caminos,
dejo mi sangre
escrita en un oscuro ramo.

EL FUEGO

Óscar Acosta

Frotó el indio la yesca,
el pedernal, el pino
con otro pino viejo,
la madera, las hojas
de roble, la corteza
de los ceibos caídos,
el cuero del animal
salvaje, el carbón
mineral endurecido.

El mundo cambió entonces:
otro espejo movible,
que no era el del agua,
alzó su brazo rojo
en la espesa maleza,

en el ámbito crudo
de miles de años
a la sombra, iluminados
solamente por el rayo
o por el centelleo
de los lúcidos ojos
de las fieras.

Tú te callaste entonces,
viendo crecer la lengua
clarísima, la llama,
que levantó su lanza,
su corona de espinas,
y que lamió la noche
como animal salvaje.

Ante tu limpio rostro
de indígena doncella
nacía otro milagro:
el milagro del fuego.

ESTE VOLVER A HONDURAS

EL RETORNO

Ramón Ortega
A Froylán Turcios

Después de un largo viaje por remotos caminos,
nuevamente me arrulla el rumor de los pinos,
y, como en las celestes auroras de mi infancia,
se me impregna el espíritu de una amable fragancia,
y entre el verdor que envuelve las ramas temblorosas,
he visto la blancura de las nativas rosas.

Así, cuando traspuse los bosques de manglares,
cuyos troncos besaban sedas crepusculares,
—sedas de las frufruantes aguas de los esteros—,
y, entre el desvanecido vapor, los cocoteros
lejanamente abrían sus amplios abanicos,
al saludar la tierra de auríferos riñones,
bajó un soplo de vida que ensanchó mis pulmones.

Los fatigados miembros del poeta trashumante
ungió con frescos bálsamos la selva lujuriante.
Los pinos saludáronme como alegres mastines,
o dieron suaves notas cual dóciles violines,
y bajo el oro claro de las tardes radiosas,
castamente blanquearon las macetas de rosas.

Tierra de las hazañas heroicas: ¡te saludo!
Tú sabes que en mi senda fueron un fuerte escudo
contra la flecha aleve que me lanzaba el Mal,
ese fervor ingénito por el país natal,
y el noble amor por este don sagrado y viviente,
que en tus jugosos pechos se nutrió largamente,
puesto que en las fecundas e inmensas soledades
aprisionó mi espíritu dentro de tus oquedades,
tus múltiples regiones preñadas de poesía:
la dentadura agreste de la agria serranía;
el ropaje ondulante de la abierta llanura;
los peñascos que manan un chorro de agua pura;

y el río aletargado como bajo un beleño,
que guarda el oro visto por Warner en su sueño,
o el caudal rumoroso que va tejiendo seda,
y en las verdes raíces sus velones enreda.

Las vacadas prolíficas y los salvajes toros,
que suenan, impacientes, sus clarines sonoros;
los seculares árboles, con sus enredaderas;
las selvas indostánicas, erizadas de fieras;
lagos en que la brisa dulcemente resbala,
en donde cada ola que se encrespa es una ala,
y sobre los que flotan garzas crepusculares,
como adioses de blancos pañuelos familiares.

Tardes adormecidas, divinamente quietas,
con sus remotos cielos sembrados de violetas;
espléndidos jardines, jardines orientales,
donde las fuentes rizan sus azules cristales;
costas de los océanos, bordadas de palmeras,
con lejanías como femeninas ojeras,
y con acantilados que pueblan los rumores
de un incesante y sordo redoble de tambores.

Por eso, hoy que me ampara tu cielo diamantino,
al sacudir el polvo que me arrojó al camino,
y al abrazar de nuevo, con un abrazo fuerte,
el caudal de poesía que de tu seno vierte,
con un respeto sacro, solemnemente mudo,
tierra de las hazañas heroicas: ¡te saludo!

Vuelvo a tu azul que cuelga su raso en el ambiente,
para que se refresque mi espíritu doliente,
y anhelo que adormezcan mi dolor de las cosas
el perfume sagrado de tus sagradas rosas,
las suaves muselinas de tus atardeceres
y los pálidos rostros de tus dulces mujeres.

Porque trae mi espíritu el amargo fermento
que acumulan el alto y el bajo sufrimiento;

filosofías áridas y morbosas lecturas
que amamantan el tedio, que secan fuentes puras;
y tengo en las pupilas que han escrutado el Mal,
la visión de un perenne dolor universal.

Yo sé lo que es la ruta sin fin del alma sola,
que va sobre los mares revueltos, de ola en ola;
y sobre mis espaldas de errante peregrino
cansancio y duelo y polvo acumuló el camino.
Yo sé lo que es la lucha febril de las ciudades,
donde florecen todas las bajas mezquindades.
Sé del ensueño blanco que se viste de seda
y en rima se convierte, mientras que el alma rueda
entre el bullicio loco de turba enfebrecida,
por resolver el rudo problema de la vida.

Yo sé del soñoliento perfume de añoranza
que nos llega en la hora de la desesperanza,
y he sentido que mi alma musita un *miserere*
bajo el suave silencio de la tarde que muere.
Sé de la paz amable que, en místico derroche,
riega la soberana dulzura de la noche,
cuando teje, en los parques, el surtidor de plata,
bajo el ambiente claro su alegre serenata;
y sus celestes rosas deshoja, una por una,
y oculto en el ramaje del jardín interior,
secretamente canta nuestro fiel ruiseñor.

Y sé el pavor fantástico de noches invernales,
cuando los vientos roncos azotan los cristales;
cuando la estancia puéblase de figuras inquietas
y leemos solamente satánicos poetas...

Al saludar la tierra de sol —a la que auguro
que le guarde doradas cosechas el Futuro—,
mi anhelo es porque vibre sobre esta legión de almas
eternamente un bosque de evangélicas palmas.
Que abra sus viejas arcas y haga correr el oro,
como la altiva reina de algún país sonoro.

Que cante en sus espaldas, bajo el otoño amigo,
un mar resplandeciente de lanzas de áureo trigo,
y otro mar constelado de esmeraldas reales,
en la alegre verdura de los cañaverales.

Que encierren los viñedos el jugo purpurino
que se exprime en las copas y es olímpico vino;
y que, como si un mago, para saciar antojos,
quisiera inmolar vírgenes y conservar sus ojos,
brillen las dulces uvas, en los atardeceres,
como millones de ojos castaños de mujeres.

Que rasguen su misterio los bosques tutelares,
que cedros y caobas y encinos seculares
atraviesen los viejos océanos tumultuosos,
ya en el portón ilustre, raramente laborado,
o en el marco de diáfano espejo biselado;
ya en las altas molduras, sobre los claros frescos,
retorciéndose en áureos dragones y arabescos;
ya en el secreto íntimo donde sueña el amor,
o en el armario espléndido que aprisiona un olor
de violetas y rosas, de las telas más finas,
y un singular perfume de carnes femeninas...

Que atraviesen los mares las pieles de tus fieras,
para que, en las alcobas de historiadas vidrieras,
como un soberbio símbolo del triunfo de la gracia,
sirvan de felpa dócil para la aristocracia
de una princesa rubia, cansada de la fiesta,
o que aleja el profundo letargo de la siesta,
—que de lo alto desdobla lentamente el verano—
sobre un sofá suntuoso, con un libro en la mano.

Que crucen tus caminos, sombreados de vergeles,
como arterias de vida, paralelas de rieles;
y que, sobre tu escudo, que es blasón de grandeza,
eternamente se unan, en simbólico haz,
el arado fecundo, que es trabajo y riqueza,
y el olivo celeste, que es heraldo de paz.

EN LA LLEGADA

Alfonso Guillén Zelaya

—Pero, ¿cómo has llegado así tan de repente?
Aquí no te esperaba ninguno de la casa;
loca se va a poner mamá cuando le cuente,
¡pobrecita, que sólo recordándote pasa!

—Es mejor así, hermana. No hay que pensar los viajes
ni contarlos a nadie. Se marcha uno contento,
con la esperanza al hombro, sin rumbo ni equipajes:
en el camino hay agua y pan y sol y viento.

—Vienes muy fatigado. El vino te caerá bien:
hace tanto polvo y sol en el camino;
en verano no se halla agua siquiera.
Voy a arreglarte ropa. Aquí tienes el vino.

Ya viene mamá. Escóndete aquí tras la puerta.
¿Albricias?
—De ellas mismas.
—No se pueden partir.
—Vaya, no ha de ser algo para caerse muerta.
—¡Mamaíta, es que Carlos acaba de venir!
—¿Y dónde está?... ¡Ah, muchacho! ¿Cómo ha sido ese viaje,
sin poner una carta, siquiera un telegrama?
Tu padre anda en las fincas, no se halla quien trabaje;
hasta Marcial, que nunca se niega, hoy está en cama.
¿Ya te dieron algo? ¿No has llegado con hambre?
—Tomé un poco de vino, y si más me trastorno...
—Como es Todos los Santos, este día es de fiambre,
¿quieres? También tenemos muchas cositas de horno.
—Mejor más tarde.
—Pero, niño, toma una taza
de café. ¡Juana!... ¡Juana!... Seguro que se fue.
¡Qué gente! ¡Es imposible que paren en la casa!
—¿Señora?
—Al fin...

trae una tacita de café.
—Está el café en la mesa.
—¡Juana!... ¿Y la bienvenida?
—¡Hola! ¡Si es don Carlitos! Venga, deme un abrazo.
¿Cuándo fue la llegada? Si me tiene perdida
esa pena de Lucas, que está muy mal del brazo.

—¿Y qué te has hecho, Juana? Me pareces más fuerte.
—No diga, don Carlitos. Yo me siento más vieja.
—¿Y Luisa, Juana?
—Luisa me jugó mala suerte.

—A ver, ¿cómo ha sido eso?
—Voy a darle la queja:
se la llevó a la Costa un mentado Fernando.
—¿Es de allá de tu barrio?
—No, aquél de Tata Chico.
—¿Y no has sabido de ella?
—Hoy dicen que está criando
de otro. Casi seguro que ha de ser de algún rico.

—Muy bueno el café, Juana. Pero, ¡qué calor hace!
—Y que éste ha sido menos que el del año pasado.
—Alguien llama a la puerta. Ve y le dices que pase.
—Son más gentes que quieren saber cómo ha llegado.

—Pero, hermana, ¿qué tienes? Tú ya no eres la de antes:
de risueña y parlera... Cuéntame todo, hermana.
Quiero verte animosa, como en días distantes.
—Hoy no es posible, hermano... mejor será mañana.

ROMANCE DEL RETORNO AL HOGAR

Víctor Cáceres Lara

Por los riscos y las peñas
—descenso por las montañas—,
chispas levantan los cascos
que buscan las tierras bajas.

Y con la dicha en ovillos,
de músicas en el alma,
los anhelos se me fugan
—sin brida— por las distancias.

Pinos enhiestos y firmes.
Robledales en fragancia.
Arroyos que van corriendo
como ilusiones que cantan.

Picos soberbios y altivos.
Verdes y frescas sabanas;
y repicando muy dentro,
—campanita—, la añoranza.

Retorno al hogar antiguo.
Retorno al solar de infancia.
La emoción que se conserva
fresca y diáfana en la casa.

Los árboles florecidos.
La tierra siempre aromada,
y en antiguo tono ingenuo
de juvenil algazara...

Brazos que se abren. Suspiros.
La casa, por la ventana,
tirada siguiendo el ritmo
de la alegría más vasta.

El puñado de recuerdos.
Los cofres que ensueños guardan,
y en los árboles del patio,
las mismas aves que cantan...

El mismo rumor del río
haciendo sonar sus aguas;
la masa azul, a lo lejos,
de las enhiestas montañas.

Y la música divina
que al dormir nos arrullaba,
y el concierto siempre vivo
de ya marchitas palabras...

Noche primera soñando
lo que antaño se soñara.
Noche de perfume antiguo,
durmiendo en la misma cama.

Y como vagos fantasmas,
errando en la noche diáfana,
los recuerdos de mil cosas
que se quedaron en ansias...

Retorno al hogar antiguo.
Retorno al solar de infancia:
¡Cómo entristeces mi vida!
¡Cómo perfumas mi alma!

CASONA DE MI INFANCIA

Rafael Heliodoro Valle
Para Bernardo Ortiz de Montellano

En esta noche pienso en los días pasados
allá en mi casa, mientras la lluvia en los tejados
diluía el aroma de los montes mojados.
(En el solar temblaban los jazmines sembrados...)

Mi madre preparando la cena en la cocina,
al calor de la lumbre dorada y mortecina,
de este modo empezaba la historia peregrina:
«Una noche como esta se murió la vecina...»

Y luego nos contaba un cuento de *Las mil y una noches*:
«El pájaro que hablaba, el toronjil,

la princesa del peine de oro y de marfil...»
(Estaba titilando la luz en un candil...)

Y después del ingenuo momento de rezar,
para alegrar las horas nos cantaba un cantar
la señora. ¡Era un canto del ayer familiar!
(El plenilunio estaba cundido de azahar...)

¡Oh, las veladas llenas de aquel sencillo canto!
¡Las rodillas maternas que prefería tanto,
y que lo conducían a otras tierras de encanto,
eran para aquel niño las rodillas de un santo!

Mientras me adormecía, cruzaban azorados
los gatos, cual fantasmas de ojos alucinados,
y hacían las piruetas de los enamorados,
mientras la luna llena dormía en los tejados.

¡Oh casa que en invierno eres más suspirada!
¡Casa que en la penumbra te veo iluminada!
¡Cuando nos levantábamos a ver de madrugada
los retoños floridos en la tierra mojada!

¡Casona de mi infancia, no te puedo olvidar!
Es de noche. Ya cae tu sombra tutelar.
Al apagarse el último fulgor crepuscular,
mis recuerdos, cual niños, se ponen a llorar.

PASAJE PARA MI PUEBLO

Jacobo Cárcamo

Madre mía y de muchos, por tu amargura indómita...
por tu sueño de pan ausente y duro...
agrimensora de dolores vastos...
marinera de lágrimas bajo cielos oscuros.

El hambre de tus hijos... el hambre de tu hijo,
no valdrían ni un solo centavo de expresión,

si detrás de ese llanto que te baña la vida
no se angustiaran ríos inmensos de dolor.

Aquellas otras, madre... aquellas otras madres,
mujeres de mi pueblo deshechas de tristeza,
rodando abandonadas como las piedras mismas
en amargos veranos de pobreza.

Hambrientas... harapientas... encorvadas de miedo,
bajo los pañolones de pesada tiniebla,
doblada la palabra sobre grises sepulcros,
y prendidos los sueños en la cruz de una iglesia.

Tu minuto es el átomo de milenios de sombra...
tu lágrima es la cuenta de un rosario inaudito...
por eso este alfabeto que goteó de tu frente
me está sirviendo ahora para decir tus gritos:

imponderables gritos que harán brillar tu risa,
que harán vivir tus ojos en un mundo de sol:
dichas que ni siquiera te atreviste a soñar,
porque te apesadumbrabas con vendas de oración.

Miente la luz en lirio de las falsas botijas...
sobre la tierra, madre, sobre la tierra el oro...
en caballo de estrellas y entre perros y niños
yo arribaré a mi pueblo a reclamar por todos.

Y pasaré por sobre los potreros ajenos...
y si caigo, han de verme caer sobre las milpas,
haciendo el hambre trizas, encendiendo conciencias
y levantando puños como mazorcas vivas.

CASONA DE MI INFANCIA

Para Bernardo Ortiz de Montellano

En esta noche pienso en los días pasados allá en mi casa,
mientras la lluvia en los tejados diluía el aroma de los montes
mojados.
(En el solar temblaban los jazmines sembrados...)

Mi madre preparando la cena en la cocina,
al calor de la lumbre dorada y mortecina,
de este modo empezaba la historia peregrina:
«Una noche como esta se murió la vecina...»

Y luego nos contaba un cuento de *Las mil y una noches*:
«El pájaro que hablaba, el toronjil,
la princesa del peine de oro y de marfil...»
(Estaba titilando la luz en un candil...)

Y después del ingenuo momento de rezar,
para alegrar las horas nos cantaba un cantar la señora.
¡Era un canto del ayer familiar!
(El plenilunio estaba cundido de azahar...)

¡Oh, las veladas llenas de aquel sencillo canto!
Las rodillas maternas que prefería tanto
y que lo conducían a otras tierras de encanto
eran para aquel niño las rodillas de un santo.

Mientras me adormecía, cruzaban azorados
los gatos, cual fantasmas de ojos alucinados,
y hacían las piruetas de los enamorados,
mientras la luna llena dormía en los tejados.

¡Oh casa que en invierno eres más suspirada!
¡Casa que en la penumbra te veo iluminada!
¡Cuando nos levantábamos a ver de madrugada
los retoños floridos en la tierra mojada!

¡Casona de mi infancia, no te puedo olvidar!
Es de noche. Ya cae tu sombra tutelar.
Al apagarse el último fulgor crepuscular,
mis recuerdos, cual niños, se ponen a llorar.

Rafael Heliodoro Valle

PASAJE PARA MI PUEBLO

Jacobo Cárcamo

Madre mía y de muchos, por tu amargura indómita,
por tu sueño de pan ausente y duro,
agrimensora de dolores vastos,
marinera de lágrimas bajo cielos oscuros.

El hambre de tus hijos, el hambre de tu hijo,
no valdrían ni un solo centavo de expresión
si detrás de ese llanto que te baña la vida
no se angustiaran ríos inmensos de dolor.

Aquellas otras, madre... aquellas otras madres,
mujeres de mi pueblo deshechas de tristeza,
rodando abandonadas como las piedras mismas
en amargos veranos de pobreza.

Hambrientas... harapientas... encorvadas de miedo
bajo los pañolones de pesada tiniebla,
doblada la palabra sobre grises sepulcros
y prendidos los sueños en la cruz de una iglesia.

Tu minuto es el átomo de milenios de sombra,
tu lágrima es la cuenta de un rosario inaudito,
por eso este alfabeto que goteó de tu frente
me está sirviendo ahora para decir tus gritos:

imponderables gritos que harán brillar tu risa,
que harán vivir tus ojos en un mundo de sol;

dichas que ni siquiera te atreviste a soñar,
porque te apesadumbrabas con vendas de oración.

Miente la luz en lirio de las falsas botijas,
sobre la tierra, madre, sobre la tierra el oro.
En caballo de estrellas y entre perros y niños
yo arribaré a mi pueblo a reclamar por todos.

Y pasaré por sobre los potreros ajenos,
y si caigo, han de verme caer sobre las milpas,
haciendo el hambre trizas, encendiendo conciencias
y levantando puños como mazorcas vivas.

REGRESO AL PRIMER VERDE

Jaime Fontana

I

Al fin estoy conmigo, tendido en la hojarasca,
al abrigo del viejo naranjal;
he vuelto —sí—, ya estoy en el paisaje
que ayer grabó la voz de mi ansiedad;
y estoy solo —tal vez—, pero un recuerdo
llega, abejeando, y busca mi nueva soledad.

Aún no han caído todos los hesperidios de oro
y ya se abrió de nuevo el azahar;
cada flor es un fruto que cuajará mañana
—promesa y realidad—.
¿Por qué no fue ese el curso de aquella mi esperanza
que no cuajó jamás?

Un ave, picoteando las naranjas repletas,
va resolviendo en trinos la savia y el color;
aquí abajo, sintiéndose naufragar en el tiempo,
mi corazón en cantos resuelve su dolor:

He venido de allá porque la vida
con fronteras exactas me asediaba,
he venido de lejos; pretendía
embriagarme de espacio y libertad,
ver mi pupila en el azul diluida,
quitar toda la herrumbre de mi espíritu,
bañándolo en las fuentes de la primera edad;
quería festejar a mis retinas
con orgías de luz y lejanía,
con derroches de forma y de color;
he venido hasta aquí porque sentía
sed de paisaje, sed de clorofila,
hambre de sol...

Y estoy aquí, tendido en la hojarasca,
las hojas —allá arriba— recortan el zafir,
pero ¿qué significa la lluvia de azahares
que el follaje desata sobre mí?
¡Ah, si no me equivoco, mi naranjal amigo
me está retribuyendo los suspiros que di!

II

El ansia aquella estaba ya dormida,
pero —al volver— intenta despertar;
ella es la aguja y, a su influjo, el disco
sonoro del paisaje empieza a hablar:

—¿Te acuerdas todavía
de aquel abril dorado, hace siete años,
cuando mis troncos —fieles compañeros—
a la par de tu espíritu sangraron?
Aquí escribiste los primeros versos
para el ideal de entonces, que prefirió ser nada,
y en cada espina de mi fronda oscura
hay siquiera una sílaba clavada.

Yo guardo aquel amor; tu adolescencia
quedóse prisionera entre mis ramas;
yo guardo tu dolor y tus suspiros,

yo guardo todo... menos la esperanza;
esa se fue contigo, se hizo añicos
contra la dura arena de la vida,
surgió de nuevo entre las ruinas grises,
más rebelde, más fuerte... dejó de ser la misma...

—¡Calla, paisaje amigo, no he venido
para vivir las horas que se quemaron ya!

Descendieron en cósmico tropel y, esgrimiendo el arado,
las manos campesinas dio la Tierra a su pista sideral;
siete veces las llamas asolaron los montes
con plutónico afán, y otras tantas las aguas celestiales
trazaron en los predios pentagramas de fe.

Siete veces crecieron las naranjas magníficas,
y cada una en herencia recibió:
de la Tierra materna, la forma promisoria;
del Astro padre, el oro del color;
dentro de ellas gestáronse los jugos milagrosos
—maravillosa síntesis de savias y de sol—;

siete veces cuajaron las naranjas magníficas...

¡Ojalá que así hubiera cuajado mi ilusión!
(Ojalá —dice mi alma, volando hasta aquel día—,
ojalá —dice ahora—, pero no es que lo ansía,
porque no puede ansiarse lo que no pudo ser).

Mas el dolor que quiso ser eje de mi vida
ya no hará de mis sueños sumisa caravana;
ya logré rebelarme, y haré de cada herida
un surco en que se gesten los trigos del mañana.

III

Han pasado siete años, y todo está como antes:
el naranjal, las aves, la eterna lejanía...
¿Ella? Está como entonces, no ha cambiado;
sus ojos siguen siendo la noche donde florece el día.

Yo sé que al fin he vuelto, de nuevo puedo verla,
mas, aunque ella es como antes, el pasado no es hoy:
ella en nada ha cambiado, pero ya no es la misma,
pero ya no es la misma porque he cambiado yo.

Sé que todo concluye
y a los minutos prófugos no volveré a llamar;
todo concluye —sí—, pero el paisaje
se esmera en repetirme aquella edad,
y en mí siento que un átomo rebelde
se encapricha en gritar: ¡Eternidad!

Debo estar solo —sí—, pero un recuerdo
abre rendijas a mi soledad.

ESTE VOLVER A HONDURAS

Jaime Fontana

Parece que no habrá nada más tierno que este volver a
Honduras:
llegar con el amor iluminado por años y distancias,
decir: *esta es la tierra, este es el aire y este el río del cuento,*
recuperar las voces salpicadas de burlas familiares,
reasumir la niñez en el dormido sabor de esta naranja
y en este olor —que es casi de muchacha—, de savia
y de panales,
que sólo dan los árboles autores de nuestro propio canto.

Porque volver a Honduras es ir de madrugada a los
maizales
para espantar los pájaros bisnietos de aquellos que
espantamos,
vivir en un mugido, en un relincho, que vienen de la noche.

Parece que tendrá mucho de triste nuestro volver a
Honduras:
hallar que el calendario no era broma leyendo algunos
rostros,

saber que algo no vuelve en estas naves aunque el viajero
vuelva,
y besar en la frente lo que un día besamos en la boca.

Parece que también será de lágrima este volver a Honduras:
preguntar por hermanos, por amigos que no nos
esperaron,
y el horror de buscar en una tarde de cal y de cipreses
unos nombres: Julián o Federico, Carlos, Daniel o Marcos.

Parece que será feliz y trémulo nuestro volver a Honduras:
vagar por los caminos que asolearon el verso de la infancia,
llevar hasta una loma coronada de flores amarillas,
de la mano, a los hijos que fundamos sobre lejanas playas
—más allá de las nieves absolutas, de selvas y de mares—,
y decirles al fin: *esta es la cuna y este el peñón exacto,
esta es la tierra nuestra, la amorosa, la que espera a sus niños,*

así trabajan todavía quienes nos prestaron la sangre.
Todo será feliz y doloroso, será trémulo y tierno,
porque volver a Honduras... me parece que es retomar
el canto.

ALEGRÍA DEL RETORNO

Padre, madre, volveré cansado.
Es que el mundo es mar desenfrenado
y golpea con furia de océano.
Yo recibí sus golpes en cada costado
y aunque he sido un velero liviano,
me sostengo a flote,
esperando que la furia de este mar se agote
y que la calma, en un atardecer, le brote.

Pero al fin volveré,
un velero maltrecho en fugaz anclaje,
y ustedes, padres, y ustedes, hermanos,
estarán con los brazos abiertos
como un grupo de fraternos puertos.

Me pregunto a mí mismo en el camino
si habrá algunos cambios en la casa,
si estará el mismo vecindario,
y si el mismo niño de rostro peregrino
pasa por las tardes repartiendo el Diario.

Alegría del retorno, dulce
será sentirla y dejar que el pensamiento
me la vaya echando con cuidado y con tiento
en surcos de amor y esperanza.
Y la tarde será lírica y azul y emotiva
cuando, obedeciendo a una voz imperativa,
nos encontremos los hermanos en la casa,
mientras la paterna autoridad presida
un fugaz minuto de la familia reunida.

¡Alegría del retorno! He sentido de nuevo
que en el mundo ya tengo cabida,
que, como una carta
que vuelve a ocupar su baraja,
yo vuelvo a los míos,
y por eso mi corazón sale a la vida
como un muñeco de resorte al abrirse su caja.

Héctor Bermúdez Milla

AUTORES INCLUIDOS EN ESTE LIBRO

ÓSCAR ACOSTA

Nació en Tegucigalpa el 14 de abril de 1933. Ha sido Secretario de la Embajada de Honduras en el Perú y Jefe de Relaciones Públicas del Gobierno de Honduras. Desempeñó el cargo de Jefe del Departamento Editorial de la Universidad Nacional Autónoma de Honduras, siendo director de la revista *Honduras Literaria*, órgano de esa institución, y de la revista informativa *Extra*. Es miembro del Consejo Editorial y Subdirector del diario *El Día* de Tegucigalpa.

Ha sido Secretario de la Asociación de Prensa Hondureña, Presidente del PEN Club de Honduras y Representante de la Comunidad Latinoamericana de Escritores (Capítulo de Honduras).

En 1960 obtuvo el Premio Rubén Darío de Poesía de Nicaragua; en ese mismo año obtuvo el Primer y Único Premio en el Concurso de Ensayo Rafael Heliodoro Valle de la Universidad de Honduras, y en 1961 el Primer Premio en los Juegos Florales Centroamericanos y de Panamá celebrados en Guatemala.

Obras publicadas: *Responso al Cuerpo Presidente de José Trinidad Reyes* (Poesía), Lima, Perú, 1955. *El Acta* (Cuentos breves), Lima, 1956. *Poesía menor*, Lima, 1957. *Tiempo detenido* (Poesía), San Salvador, El Salvador, 1962. *Rafael Heliodoro Valle, vida y obra* (Ensayo), 1964. *Poesía* (Selección 1952-1965), Madrid, 1965. *Antología de la nueva poesía hondureña* (Prólogo, selección y notas de Óscar Acosta y Roberto Sosa), Tegucigalpa, 1967. *Antología del cuento hondureño* (Selección de Óscar Acosta y Roberto Sosa), Tegucigalpa, 1968.

CLAUDIO BARRERA

Claudio Barrera, nombre literario de Vicente Alemán hijo, nació en La Ceiba el 17 de septiembre de 1912. Realizó estudios de comercio y bachillerato. En 1949 fundó la revista literaria *Surco* y *Letras de América* en Tegucigalpa.

El Estado le concedió en 1954 el Premio Nacional de Literatura Ramón Rosa. Dirige la página literaria sabatina del diario *El Cronista* de Tegucigalpa.

Obras publicadas: *La pregunta infinita*, Japón, 1939. *Brotes hondos*, 1942. *Cantos democráticos al general Morazán*, México, 1944. *Fechas de sangre*, San Salvador, El Salvador, 1946 (Ediciones *Nosotros*). *Las liturgias del sueño*, 1949. *Antología de poetas jóvenes de Honduras desde 1935*, *Poemas* (Selección y prólogo de Claudio Barrera), México, 1950. *Recuento de la imagen*, Tegucigalpa, 1951. *El ballet de las guarias*; *La niña de Fuenterrosa*, Tegucigalpa, 1952 (poemas y un drama). *La estrella y la cruz*, 1953. *Poesía completa*, 1965 (recoge todos los títulos citados). *Hojas de otoño*, 1969, Tegucigalpa.

RUBÉN BERMÚDEZ

Nació en Juticalpa, Olancho, en 1891. Hizo sus estudios secundarios en Honduras y se graduó de ingeniero en el Massachusetts Institute of Technology de Boston, Estados Unidos de América.

Fue Superintendente del Ferrocarril Nacional, interventor de la misma empresa, Diputado al Congreso Nacional y Alcalde de San Pedro Sula.

HÉCTOR BERMÚDEZ MILLA

Nació en San Pedro Sula, departamento de Cortés, el 16 de febrero de 1927.

Ha hecho estudios en la Facultad de Ciencias Jurídicas y Sociales de la Universidad Nacional Autónoma de Honduras.

En 1957 desempeñó el cargo de Agregado de Prensa de la Embajada de Honduras en Washington. Ha colaborado en las revistas *Tegucigalpa, Surco* y *Honduras Literaria*, ya desaparecidas, y lo hace ahora en las revistas *Presente* y *Extra* de Tegucigalpa, así como en los suplementos de arte y letras de los diarios hondureños.

GUILLERMO BUSTILLO REINA

Nació en Comayagüela el 5 de mayo de 1898. Se graduó de Licenciado en Ciencias Jurídicas y Sociales en la Universidad de Honduras, después de haberlos iniciado en León, Nicaragua.

Fue Director de la Imprenta Nacional y del periódico político *Blanco y Rojo*.

Ejerció funciones de Cónsul General de Honduras en Nueva York en 1920 y desempeñó el cargo de Administrador de Aduana de Puerto Castilla en 1923.

Con Arturo Martínez Galindo dirigió la revista *El Continente* en Nueva Orleans y publicó el libro *Honduras*, guía general del país en idioma castellano e inglés. Fue catedrático de inglés en la Facultad de Ingeniería de la Universidad Nacional Autónoma de Honduras.

Falleció en Comayagüela en 1963.

Obras publicadas: *Romances de la tierruca y otros poemas*, Tegucigalpa, 1962.

VÍCTOR CÁCERES LARA

Nació en Gracias, departamento de Lempira, el 19 de febrero de 1915.

Ha sido catedrático de varios institutos de San Pedro Sula, Gracias, La Esperanza y Tegucigalpa, y de Ciencias Básicas de la Universidad Nacional Autónoma de Honduras.

Fue Diputado al Congreso Nacional, Embajador Extraordinario y Plenipotenciario de Honduras en Venezuela y Director General de Correos de Honduras. Ha sido Presidente de la Asociación de Prensa Hondureña, institución que le concedió el Premio Alejandro Castro por su labor como divulgador de la historia de Honduras y editorialista del diario *El Día* de Tegucigalpa.

Ha asistido a numerosos congresos internacionales de prensa.

Obras publicadas: *Arcilla* (Romances), San Pedro Sula, 1941. *Romances de la alegría y de la pena* (Romances), San Pedro

Sula, 1943. *Humus* (Cuentos), Tegucigalpa, D. C., 1952. *El doctor Alonso Suazo, figura prominente de la Medicina en Honduras*, Tegucigalpa, 1964. *Fechas de la historia de Honduras* (Efemérides), Tegucigalpa, 1964. *Recuerdos de España* (Crónicas), Tegucigalpa, 1966. *Tierra ardiente* (Cuentos), Tegucigalpa, 1970.

JACOBO CÁRCAMO

Jacobo Cárcamo nació en Arenal, departamento de Yoro, el 28 de noviembre de 1916.

Hizo sus estudios en la ciudad de San Pedro Sula y fue colaborador del diario *El Cronista*, de la revista *Tegucigalpa* y de la *Revista de la Asociación Nacional de Cronistas* de Tegucigalpa.

En 1942 viajó a la ciudad de México, en la que permaneció hasta el año de su muerte en 1959. En México colaboró en los diarios *El Nacional* y *El Popular*.

Obras publicadas: *Brasas azules*, Tegucigalpa, 1938. *Flores del alma*, Tegucigalpa, 1941. *Laurel del Anáhuac*, México, D. F., 1954. *Pino y sangre*, México, D. F., 1958.

ÓSCAR CASTAÑEDA BATRES

Nació en Santa Rosa de Copán en 1925. Es Licenciado en Ciencias Jurídicas y Sociales y vive, desde hace quince años, en la ciudad de México, dedicado a la docencia.

Obras publicadas: *Digo el amor* (Poemas), Tegucigalpa, 1960. *La estrella vulnerada* (Poemas), México, D. F., 1960. *Madre Honduras* (Poemas), México, D. F., 1961.

AUGUSTO C. COELLO

Nació en Tegucigalpa el 1° de septiembre de 1884 y falleció en San Salvador el 7 de septiembre de 1941.

Juan Felipe Toruño, al hacer la nota bio-bibliográfica para el *Diccionario de Literatura* de la Organización de Estados Americanos, dice que:

"Augusto C. Coello, bajo el cuidado de sus padres, recibió las lecciones de primeras letras, ingresando después al Colegio Eclesiástico que dirigía el presbítero Ernesto Fiallos, donde recibió el título de bachiller en ciencias y letras. Desde temprana edad tuvo vocación por la literatura, especialmente por la poesía. Con su título de bachiller se matriculó en la Facultad de Derecho de la Universidad Central de Tegucigalpa y, a la vez que seguía sus estudios profesionales, ensayaba en el periodismo y se entrenaba en la política.

En 1904, a la edad de veinte años, fue electo diputado a la Constituyente, demostrando en ella capacidades que lo acreditaban. Fue Secretario de la Presidencia, Subsecretario y Ministro de Relaciones Exteriores. Vientos contrarios lo hicieron salir del país. En el primer lustro del presente siglo vivió en San José de Costa Rica, laborando en *La República* y en *La Prensa Libre*. Dirigió también *El Pabellón Rojo y Blanco* y *El Diario*. Intervino en las actividades políticas de dicho país, haciendo campaña en favor del candidato a presidente doctor Rafael Iglesias, quien, al ser derrotado en los comicios, auspició un periódico que estuvo bajo la dirección de Coello, con bandera opositora al régimen.

Por los años 1906-1907 residió en San Salvador y fue colaborador asiduo de varios diarios, especialmente del *Diario de El Salvador*. Habiendo cambiado las autoridades dirigentes de su patria, regresó a ella. Y, nuevamente en las actividades políticas, fue consejero de la Legación de Honduras en Washington. Desempeñó otros puestos de importancia sin que por ello descuidara las letras.

En 1915 escribió la letra del *Himno Nacional*, el que fue estrenado ese año con música del compositor Carlos Hartling. Se distinguió en derecho internacional y fue delegado a la Séptima Conferencia Internacional Americana en Montevideo (1933). Asimismo, fue colaborador técnico en la disputa de fronteras de su país con Guatemala. En su patria y en Centroamérica su nombre en las letras era de los más distinguidos. Dirigió los periódicos políticos *En Marcha* y *Pro Patria*.

Escribió estudios sobre la personalidad del costarricense Juan Rafael Mora y de León Alvarado, así como del escritor hondureño doctor Ramón Rosa. Atacado de fuerte dolencia por el año de 1937, se trasladó a Guatemala internándose en el sanatorio del doctor Álvarez. Retornó a Honduras, pero la dolencia en vez de ceder agravaba. No obstante sus achaques, atendía las letras y las faenas profesionales. Agravando más la enfermedad, volvió a San Salvador, falleciendo en la fecha mencionada. Su cuerpo fue trasladado inmediatamente a Tegucigalpa, Honduras."

Obras publicadas: *Himno Nacional de Honduras*, Tegucigalpa, 1915. *El digesto constitucional de Honduras, 1824-1921*, Tegucigalpa, 1923. *El Tratado de 1843 con los indios moscos* (Refutación a don Diego Manuel Chamorro), Tegucigalpa, 1923; 2ª ed., ibid., 1938. *Himno Nacional de Honduras para canto y piano*, Tegucigalpa, 1926 (música de Carlos Hartling). *Las Islas del Cisne*, estudio hecho en virtud del decreto legislativo número 57, de 23 de febrero de 1922, Tegucigalpa, Comisión de las Islas del Cisne, 1926; ibid., 1938 (con Rómulo E. Durón). *La imprenta y el periódico oficial en Honduras; ligeros apuntes*, Tegucigalpa, 1929. *Índice general de concesiones y zonas mineras denunciadas en Honduras*, Tegucigalpa, 1930. *Canto a la bandera*, Tegucigalpa, 1934. *La epopeya del campeño*, prólogo de Julián López Pineda, San Pedro Sula, Honduras, (¿1938?). *Un soneto me manda hacer Violante*, palabras liminares de C. Bustillo Reina, San Pedro Sula, 1941. *Prosas; homenaje póstumo al autor de la letra del Himno Nacional*, 1941-8 de septiembre-1943, palabras liminares de Alfredo Alvarado H. y estudio de José Rodríguez Cerna, San Pedro Sula, 1943. *Biografía de León Alvarado*, Tegucigalpa, s. f. *Biografía del doctor Ramón Rosa*, Tegucigalpa, s. f. *El istmo loco*, Tegucigalpa, s. f.

POMPEYO DEL VALLE

Nació en Tegucigalpa el 26 de octubre de 1929. Es miembro de la redacción del diario *El Día* de Tegucigalpa y Director de la *Revista de la Universidad Nacional Autónoma de Honduras*. Sus poemas han sido traducidos a las lenguas china, rusa, ucraniana e inglesa.

Obras publicadas: *La ruta fulgurante* (Poemas), Tegucigalpa, 1956. *Antología mínima*, Ediciones Pegaso (Poesía), Tegucigalpa, 1958. *El fugitivo* (Poemas), Tegucigalpa, 1963. *Cifra y rumbo de abril* (Poemas), México, D. F., 1964. *Retrato de un niño ausente* (Prosa), Tegucigalpa, 1969. *Nostalgia y belleza del* *amor* (Poemas), Colección Creación, Universidad Nacional Autónoma de Honduras, Tegucigalpa, 1970.

ALMA FIORI

Nació en Juticalpa, departamento de Olancho, en diciembre de 1907.

Su nombre es Victoria Bertrand. Estudió en su ciudad natal y luego en Tegucigalpa, donde permaneció hasta que finalizó el período presidencial de su padre, el doctor Francisco Bertrand.

En 1917 se trasladó con su familia a Estados Unidos de América y en Nueva York dirigió la revista *Norte*. Falleció en los Estados Unidos de América en 1952.

Obras publicadas: *Nómada* (Poemas), San José de Costa Rica.

JAIME FONTANA

Víctor Eugenio Castañeda (Jaime Fontana) nació el 13 de abril de 1922 en Tutule, departamento de La Paz. Estudió Derecho en la Facultad de Ciencias Jurídicas y Sociales de la Universidad de Honduras, recibiendo su título de licenciado en Tegucigalpa. Es abogado y notario.

En 1943 obtuvo el Primer Premio en el Concurso Científico Morazánico con su libro de ensayo *El Cuasi-Contrato Social*, y en 1947 el Primer Premio en el Concurso Poético promovido por la Universidad de Honduras con motivo de su Centenario. En 1951, en la Argentina, le fue concedido el Premio de Honor de la Sociedad Argentina de Escritores por su libro *Color Naval*, y en 1962 obtuvo el Premio *Asterisco* de Junín, Argentina.

Ha sido Agregado Cultural de la Embajada de Honduras en la Argentina, Encargado de Negocios en México, Enviado Extraordinario y Ministro Plenipotenciario de Honduras en Quito, Ecuador, y Embajador de nuestro país en Lima, Perú.

Obras publicadas: *Color Naval* (Poemas), Buenos Aires, Argentina, 1951.

ALFONSO GUILLÉN ZELAYA

Nació en Juticalpa, departamento de Olancho, el 26 de junio de 1888.

Realizó estudios de Derecho en Tegucigalpa.

En su ciudad natal dirigió el periódico *El Tacoma* y posteriormente fue director de los diarios *El Pueblo* y *El Cronista* de Tegucigalpa.

Residió en los Estados Unidos y viajó por algunos países de Europa. Durante varios años fue Canciller del Consulado de Honduras en Nueva York. En 1933 abandonó Honduras y se radicó en la ciudad de México, donde falleció el 4 de septiembre de 1947.

MANUEL LUNA MEJÍA

Nació en Santa Rosa de Copán en 1911. Realizó sus estudios secundarios en Guatemala y se graduó de Licenciado en Ciencias Jurídicas y Sociales en la Universidad Nacional Autónoma de Honduras.

Obras publicadas: *En Blanco Menor* (Poesía), Tegucigalpa, 1941. *Himno al Centenario de Santa Rosa de Copán*, 1943. *Bajo el signo de la paz* (Prosa), Tegucigalpa, 1947. *Índice General de la Poesía Hondureña*, México, D. F., 1960.

ARTURO MARTÍNEZ GALINDO

Nació en Tegucigalpa el 13 de septiembre de 1900 y fue asesinado en Trujillo, departamento de Colón, el 4 de abril de 1940. Cultivó la poesía y ejerció el periodismo en Honduras y en los Estados Unidos de América.

MEDARDO MEJÍA

Nació en Manto, departamento de Olancho, el 20 de octubre de 1907.

Obtuvo su título de Abogado y Notario Público en Tegucigalpa en 1935.

Ha vivido dedicado al periodismo en Guatemala, El Salvador y México.

En 1930 obtuvo el Primer Premio en el Concurso Científico-Literario del Ministerio de Instrucción Pública, Sección de Literatura Regional, con su libro *Cuentos del Camino*.

Fue Consejero de Estado en 1954 y ha sido catedrático de la Facultad de Ciencias Jurídicas y Sociales y de la Facultad de Ciencias Económicas de la Universidad Nacional Autónoma de Honduras.

En julio de 1964 fundó en Tegucigalpa la revista *Ariel*, contentiva de numerosos estudios humanísticos de su autor.

Obras publicadas: *Discurso del Dorado*, Tegucigalpa, 1932. *Algo sobre la política hitleriana del doctor Ángel Zúniga Huete*, México, 1937. *José Antonio Domínguez en el Himno a la Materia*, 1945. *Capítulos provisionales sobre Paulino Valladares*, Guatemala, 1946. *Capítulos provisionales sobre Paulino Valladares*, Cuadernos de la Universidad Nacional Autónoma de Honduras, Tegucigalpa, 1959. *El movimiento obrero en la Revolución de Octubre*, Guatemala, 1948. *El humanismo en la presidencia*, Guatemala, 1950. *Don Juan Lindo, el Frente Nacional y el Anticolonialismo*, Tegucigalpa, 1959. *Anteproyecto de Constitución de la República de Honduras*, Tegucigalpa, 1955. *Cinchonero* (Drama en tres actos y seis cuadros), Tegucigalpa, 1965. Este drama, junto con *La Ahorcancina* y *Medinón*, forma una trilogía llamada *Los Diezmos de Olancho*. *Historia de Honduras*, Tomo 1 (*Sociedad Primitiva, Precolombina, Maya-Tolteca*), México, D. F., 1969. *Historia de Honduras*, Tomo 2 (*El descubrimiento, mundialización de Honduras*), México, D. F., 1970.

NELSON E. MERREN

Nació en La Ceiba el 10 de diciembre de 1931. Se graduó de doctor en Odontología en la Universidad de El Salvador, ejerciendo su profesión en su ciudad natal.

En 1963 publicó sus primeros poemas en la revista *Honduras Literaria* de la Universidad Nacional Autónoma de Honduras. En 1969 obtuvo el Primer Premio "Juan Ramón Molina" de Poesía de la Escuela Superior del Profesorado Francisco Morazán con su libro *Color de Exilio*. Pertenece al grupo literario *La Voz Convocada* de La Ceiba.

Obras publicadas: *Calendario negro* (Poesía), 1968. *Color de Exilio* (Poesía), Universidad Nacional Autónoma de Honduras, Colección Creación, Tegucigalpa, 1970. *Color de Exilio*, Escuela Superior del Profesorado Francisco Morazán, Tegucigalpa, 1970.

JUAN RAMÓN MOLINA

Nació en Comayagüela, Distrito Central, el 17 de abril de 1875 y falleció el 1° de noviembre de 1908 en San Salvador, El Salvador.

Inició sus estudios de segunda enseñanza en Tegucigalpa y los concluyó en la ciudad de Guatemala, iniciando estudios universitarios que no concluyó. En Quetzaltenango, Guatemala, fue editor de *El Bien Público*. En 1898, al regresar a su patria, fue nombrado Subsecretario de Fomento. En 1899 editó el *Diario de Honduras*. Dirigió el diario *El Cronista* desde agosto de 1898 al 15 de julio de 1899.

En 1906 fue nombrado Secretario de la Delegación Hondureña al Congreso Panamericano que se efectuó en Río de Janeiro, Brasil. Jefe de la misión era el doctor Fausto Dávila y el otro secretario, el poeta Froylán Turcios. En ese mismo año dirigió, con Augusto C. Coello, la revista de ciencias y letras *Espíritu*.

Su obra poética ha sido exaltada por escritores de la talla de Rubén Darío, Enrique González Martínez, Miguel Ángel Asturias y otros.

Juan Felipe Toruño escribe lo siguiente sobre Juan Ramón Molina:

"Hijo legítimo de don Federico Molina, de origen español, y de doña Juana Molina, nativa de Honduras. Comenzó a educarse en su ciudad natal, pasando después a Tegucigalpa. En 1888 sus padres lo enviaron a Guatemala, ingresando a un colegio. Las clases tenían poco interés para él y, según lo apunta uno de sus biógrafos, dormía sobre los pupitres en tanto el profesor explicaba aritmética o geografía: 'era uno de los incorregibles del colegio; su figura fresca y campechana, desaliñada y simpática, era inevitable en los puestos de castigo de la oficina de inspección'. Se burlaba de lecciones y teorías del maestro don José María Fuentes, 'que tomaba en serio sus diplomas'.

Entre castigos y escasa aplicación, llegó el día en que obtuvo título de bachiller en ciencias y letras. En 1890 llega Rubén Darío a Guatemala y Molina hace amistad con él, dando comienzo a su carrera literaria. Iba a estudiar Derecho, pero dispuso irse de la ciudad capital, trasladándose a Quetzaltenango. Edita aquí *El Bien Público*, en que demuestra capacidad y dedicación; pero sus padres lo instan a que regrese a los estudios y retorna a Guatemala, matriculándose en la Facultad de Derecho. Veleidoso y descuidado en los obligados estudios, era distinto al dedicarse a leer libros de literatura, 'pasando las noches en claro a la luz de una vela'. Conociendo que la abogacía no era para satisfacer sus aspiraciones y que duro le era estar sobre textos jurídicos, terminó de una vez con su comenzada carrera y partió en 1897 para Honduras.

Se introduce en la política y colabora en los periódicos de Tegucigalpa. En 1898 es nombrado Subsecretario de Fomento, pero renuncia al cargo y funda el diario *El Cronista*, siendo este uno de los mejores periódicos hondureños. En 1899 se fusionaron *El Cronista* y *El Diario* en una sola empresa de la que salió el *Diario de Honduras*. Por las columnas del cotidiano arremete contra el régimen del general Terencio Sierra. Es puesto en prisión y desde ella continúa escribiendo y atizando una subversión. Se alza un movimiento revolucionario, armado; Molina se escapa de la cárcel y se incorpora a él. Triunfa la revolución y le dan el grado de coronel.

Casa con la señorita Dolores Hinestroza, que murió al poco tiempo, y a la que le dedicó uno de sus más bellos poemas. Reconocida su calidad de literato, su orgullo le hace no participar en un concurso que patrocinó en 1906 el Presidente de la República. En ese año es nombrado Secretario de la Delegación que concurrió a la Conferencia Panamericana de Río de Janeiro, Brasil. En la capital carioca elabora su poema *Salutación a los poetas brasileros*. Se presentaron trece composiciones; Rubén Darío, que estaba allí, opinó que la de Molina era superior a las demás, aun a la suya. Aprovechando ese viaje, visita París, Madrid, Lisboa y, de regreso, Nueva York.

Al llegar a Honduras y operarse un cambio en el gobierno, emigra a El Salvador. Forma parte del personal de *El Diario*, propiedad del poeta y licenciado Julián López Pineda. Contrae por poder segundas nupcias. *El Diario* desaparece y colabora en *Diario del Salvador*. Le llegan días excesivamente penosos por falta de recursos económicos y por ausencia de voluntad para controlarse. Queriendo morigerar amarguras, se dedica al alcohol. Son días tenebrosos para él. Las colaboraciones no alcanzan para cubrir gastos del hogar. El insomnio lo desespera como resultado de la situación agravada por los nervios y la bebida.

Descontrolado, buscando el sueño reparador, se hizo aplicar excesiva dosis de morfina y falleció en una cantina de Aculhuaca, hoy Villa Delgado, en la fecha aludida. Sus restos fueron trasladados en 1918 a Tegucigalpa."

La poesía en Honduras comienza con José Trinidad Reyes, se refuerza con Joaquín Díaz, con los doctores Uclés y Ramón Rosa, busca nuevos rumbos con Molina Vigil y José Antonio Domínguez, y se resume vigorosa e intensa en Juan Ramón Molina.

"Apartando lo que podría ser en él la influencia de Rubén Darío en el Modernismo, fue, a pesar de eso, un fracasado. Mentalidad la suya de dilatadas lecturas, de maravillosa función asimilativa, nutrida con sólidos conocimientos, equipada con dones especiales, pero diluido todo en la impotencia de su voluntad. El poeta y el letrado superior que hubo en su personalidad no tuvieron tiempo para dar más. Fue relativamente poco lo que a su edad, 33 años, dejara como fruto de sus talentos y de su fuerza creadora.

En prosa, es de enchapes evocativos, de reminiscencias en que discurren entidades mitológicas, amor y amargura. En el periodismo fue agresivo, mordaz e iracundo. Si algunas veces ejerció la crítica, esta fue más a lo personal, más de censura, como cuando trata al guatemalteco Mencos y al colombiano Julio Flores. Además de esas manifestaciones de su intelecto, está la prosa en que se muestran sus capacidades sobre historia, sobre arte, sobre letras.

Inconforme siempre, la Academia de la Lengua fue blanco de estas inconformidades, achacándole que en vez de 'cooperar en algo, siquiera sea con su apoyo moral, a la evolución del pensamiento contemporáneo, los académicos parecen que se han declarado enemigos implacables de todo lo moderno, agrupándose tras la tradición, como tras de la muralla china'.

Apreciada así la figura de Juan Ramón Molina, lástima grande fue que se perdiera en los breñales de su propia existencia, débil en el aspecto humano y emotivo para soportar las embestidas de la fatalidad. No aprovechó los viajes por el Viejo Mundo. Estuvo sometido a las corrientes encontradas en que naufragó. Centroamérica lo vio recorrer sus heredades, afiebrado, impetuoso, pleno de vanidad y de orgullo, pero incapaz para encontrar su senda. Y entre desesperación y nepentes, insomnios y torturas interiores, falleció en un tugurio víctima de su ansiedad y de una extremada dosis de morfina que lo calmó para siempre.

Con su muerte perdió Honduras su más alta expresión poética y América uno de sus más sobresalientes hombres de letras."

Obras publicadas: *Tierras, Mares y Cielos* (Verso y Prosa), recopilación de Froylán Turcios, Tegucigalpa, 1913. *Tierras, Mares y Cielos* (Verso y Prosa), edición hecha por el doctor Ricardo D. Alduvín, México, D. F., 1929. *Tierras, Mares y Cielos* (Verso y Prosa), edición con prefacio de Enrique González Martínez, bibliografía de Rafael Heliodoro Valle e ilustraciones de Enrique Galindo, Tegucigalpa, 1937. *Tierras, Mares y Cielos* (Colección Los Clásicos del Istmo), prólogo de Argentina Díaz Lozano y bibliografía de Rafael Heliodoro Valle, Guatemala, 1947. *Prosas* (Colección Los Clásicos del Istmo), prólogo de Argentina Díaz Lozano, Guatemala, 1948. *Antología de Juan Ramón Molina, prosa y verso*, prólogo de Miguel Ángel Asturias, Ministerio de Cultura, San Salvador, El Salvador, 1959. *Sus mejores páginas* (Prosa y verso), Organización Continental de los Festivales del Libro, Lima, Perú, 1960.

DAVID MOYA POSAS

Nació en la ciudad de Comayagüela, Distrito Central, el 21 de octubre de 1929. Fue Jefe de Redacción de la revista *Tegucigalpa* y del semanario *La Nación* de la capital de Honduras, y redactor del diario *La Prensa Gráfica* de San Salvador, El Salvador. Colaboró en el diario *El Nacional* de México y en numerosas publicaciones centroamericanas.

En El Salvador obtuvo, en 1955, el Primer Premio en el Concurso Nacional de Cuentos auspiciado por *La Prensa Gráfica*.

Fue redactor del diario *El Nacional* de Tegucigalpa y miembro del personal de la Oficina de Relaciones Públicas del Gobierno de Honduras.

Falleció en Tegucigalpa el 15 de abril de 1970.

Obras publicadas: *Imanáforas* (Poemas), Tegucigalpa, 1952. *Metáfora del Ángel* (Poemas), Tegucigalpa, 1955.

CÉLEO MURILLO SOTO

Nació en la ciudad de Olanchito, departamento de Yoro, el 28 de septiembre de 1911. Inició sus estudios de enseñanza secundaria en su ciudad natal y los terminó en el Instituto Salesiano San Miguel de Comayagüela. De 1935 a 1940 cursó estudios de Derecho en la Facultad de Jurisprudencia de la entonces Universidad Nacional de Honduras.

Fue Secretario de la Comandancia General del Ejército durante el régimen del doctor y general Tiburcio Carías Andino. Durante la administración del doctor Juan Manuel Gálvez fue nombrado Director General de Correos. Fue electo diputado al Congreso Nacional en 1954, pero al romperse el orden constitucional este se convirtió en Consejo Consultivo, del cual fue Secretario.

Fue nombrado Cónsul de Honduras en Nueva Orleans en 1956, durante el régimen de la Junta Militar de Gobierno, y en 1965 fue nombrado Presidente del Consejo Nacional de Elecciones, cargo que desempeñó hasta el 4 de enero de 1966.

El licenciado Céleo Murillo Soto fue Presidente de la Asociación de Prensa Hondureña durante varios períodos, y a su dinamismo se debió la fundación de la Casa del Periodista.

Editorializó y colaboró en los diarios *La Época*, *Prensa Libre*, *El Nacional* y *El Día*, así como en los semanarios *La Nación*, *Nuestro Criterio* y *Avance*.

Utilizó los seudónimos de Gerardo Serena y Alfonso Garrido.

Falleció en la ciudad de Miami, Estados Unidos de América, el 25 de febrero de 1966.

Obras publicadas: *Afán* (Poesía), Tegucigalpa, 1939.

RAMÓN ORTEGA

Nació en la ciudad de Comayagua en 1885. Hizo sus primeras letras en su ciudad natal, trasladándose luego a Tegucigalpa y posteriormente a Guatemala, en donde residió varios años.

En 1911 regresó a su país y durante el régimen del doctor Francisco Bertrand desempeñó un cargo público. Falleció en Tegucigalpa el 2 de febrero de 1932.

Obras publicadas: *El amor errante* (Poesía), México, D. F., 1931. *Flores de peregrinación* (Poesía), Tegucigalpa, 1940.

MIGUEL R. ORTEGA

Nació en San Marcos, Santa Bárbara, en 1922. Se graduó de Licenciado en Ciencias Jurídicas y Sociales en la Universidad Nacional de Honduras y posteriormente entró al servicio diplomático como Secretario de la Embajada de Honduras en Guatemala y Cónsul General en ese país.

Ha sido Enviado Extraordinario y Ministro Plenipotenciario en Italia y Director del Instituto Hondureño de Seguridad Social.

Libros publicados: *El arbitraje internacional, instrumento de paz* (Tesis de Especialización), Tegucigalpa, D. C., 1958.

RAFAEL PAZ PAREDES

Nació en Colinas, Santa Bárbara, el 2 de octubre de 1911. Hizo sus estudios de primaria y secundaria en los Estados Unidos de América, país en el cual vivió hasta los 18 años. Obtuvo el título de Licenciado en Derecho en la Universidad Nacional Autónoma de México en 1936. Se incorporó a la Universidad de Honduras en 1936 y desempeñó el cargo de Juez de Letras de la Sección de Tela, Atlántida, de 1939 a 1943.

En 1947 fue nombrado Jefe del Departamento de Aviación Civil Internacional de la Secretaría de Comunicaciones de México y, en enero de 1953, fue nombrado Asesor Jurídico de las Naciones Unidas, adscrito al organismo especializado Organización de Aviación Civil

Internacional (OACI), trabajando con tal carácter en libros y tratados sobre Derecho, entre ellos: *Influencia de la Filosofía en la Declaración de los Derechos del Hombre*, *La Convención de Chicago, sus antecedentes y consecuencias*, *Los Derechos Comerciales en el Transporte Aéreo Internacional*, *La Nueva Ley de Aviación Civil de México* y *La cuestión de límites entre Honduras y Nicaragua*.

Ha escrito varias obras literarias, entre ellas: *Vida de la poesía* (Crítica literaria), *Vidas truncas* (Cuentos), *El egoísta*(Drama en tres actos) y *Humedad adentro* (Poesía).

Ha sido catedrático de la Facultad de Ciencias Jurídicas y Sociales de Honduras y catedrático de la Facultad de Humanidades de El Salvador.

ELISEO PÉREZ CADALSO

Nació en El Triunfo, departamento de Choluteca, el 22 de noviembre de 1920. Ha sido diputado al Congreso Nacional, Consejero de Estado, Director de Relaciones Públicas de la Organización de Estados Centroamericanos y Director de Asuntos Culturales de la misma institución, Embajador de Honduras en El Salvador, Delegado Alterno a la Asamblea General de las Naciones Unidas en Nueva York y Delegado también a numerosas reuniones internacionales.

Es miembro del PEN Club de Honduras, del Colegio de Abogados, de la Academia Hondureña de la Lengua, de la Academia de Geografía e Historia de Honduras y de la Asociación de Prensa Hondureña. Fue el primer Jefe de Redacción del diario *El Día*.

Catedrático de Derecho Internacional Público en la Facultad de Derecho de la Universidad de Honduras, Delegado titular ante el Consejo Interamericano de Jurisconsultos, miembro de la Comisión que preparó las primeras leyes laborales de Honduras en 1951 y de la que redactó la reforma penal en 1954. Actualmente es Vocal de la Comisión de Juristas que está preparando la nueva legislación hondureña.

Obras publicadas: Vendimia (Poemas), Tegucigalpa, D. C., 1943. Jicaral (Poemas), Bogotá, 1947. Guillén Zelaya en el

Neomodernismo de América (Ensayo), Tegucigalpa, 1950. Voces de bronce y Poesía y muerte en el camino de Martí(Discursos), Tegucigalpa, 1953. Valle, apóstol de América (Ensayo), 1954. Ceniza (Cuentos), Tegucigalpa, 1955. La Dieta de Chinandega y sus proyecciones político-jurídicas, San Salvador, El Salvador, 1958. Habitante de la Osa, vida y Exterior: Crítica y Restructuración, Tegucigalpa, 1966. Achiote de la Comarca (Cuentos), Guatemala, 1959, El Rey del Tango, (Cuentos), San Salvador 1964. Valle, Apóstol de América (Ensayo), segunda edición, Tegucigalpa, 1968. Oro de Yuscarán, Tegucigalpa, 1968 y Vigencia Universal de Darío, Tegucigalpa, 1969.

JERÓNIMO J. REINA

Nació en Tegucigalpa el 7 de octubre de 1876. Hizo sus estudios de segunda enseñanza en Juticalpa y posteriormente ingresó al Colegio Eclesiástico de Tegucigalpa que dirigía el presbítero Ernesto Fiallos.

Con Luis Andrés Zúniga, Adán y Augusto C. Coello, Manuel Sabino López y otros amigos fundó en 1890 un grupo literario llamado *La Esperanza*, que editó una revista con ese mismo nombre. En enero de 1896 fue nombrado Director de la Biblioteca Nacional y en ese mismo año comenzó a colaborar en *El Diario*, que dirigía el periodista nicaragüense Alejandro Miranda.

El 6 de agosto de 1898 se le confirió el título de licenciado en Jurisprudencia y Ciencias Políticas, y el de abogado el 25 del mismo mes, después de sustentar una tesis acerca de las "Consecuencias de adoptar o no el recurso de revisión en materia criminal".

En 1900 fue nombrado Juez Segundo de Letras Suplente de lo Criminal del Departamento de Francisco Morazán, y en 1905 fue nombrado Comandante de Armas y Gobernador Político de Comayagua, fundando el periódico *La Nueva Época*. Por razones políticas se vio forzado a abandonar el país, residiendo en Guatemala y El Salvador.

A su retorno a la patria se radicó en Santa Rosa de Copán, siendo nombrado Comandante de Armas y Gobernador Político de ese departamento en el año de 1915.

En 1898 fundó, con los doctores Rómulo E. Durón y Manuel Sabino López, el periódico *La Estrella Solitaria*, en el que se pedía la independencia de Cuba.

En 1916 fue nombrado Ministro de Guerra y Marina, fundando la Academia Militar e inaugurándola el primero de febrero de 1917. Elaboró la Ley Orgánica Militar decretada el 23 de febrero de 1918.

Falleció en Tegucigalpa el 7 de diciembre de 1918.

Obras publicadas: *Tegucigalpa*, 1899. *Copos de Humo* (Poesía), Tegucigalpa, 1903. *Leyes que nos faltan*, Tegucigalpa.

JOSÉ TRINIDAD REYES

Nació en Tegucigalpa el 11 de junio de 1797.

Las primeras letras las aprendió con sus progenitores y no pudo ingresar al Colegio Tridentino de Comayagua, capital entonces de la provincia, por su origen humilde.

Viajó a Nicaragua y en León recibió la ayuda del Obispo de la Diócesis, Fray García Jerez. Titulado de bachiller en Filosofía, Teología y Derecho Canónico, decidió seguir la carrera eclesiástica. En 1819 le fueron dadas las órdenes menores, en 1821 las de subdiácono, meses después la de diácono y en 1822 recibió las de sacerdote de manos del Obispo García Jerez.

En 1825, acompañado de otros clérigos, abandonó Nicaragua y se dirigió a Guatemala, en donde fueron recibidos por los de su Orden. En 1828 regresó a Honduras y se instaló en el Convento de Nuestra Señora de las Mercedes, en Tegucigalpa.

En febrero de 1837, al ser remodelada la iglesia parroquial de Tegucigalpa, estrenó su misa *El Tancredo*. El Papa Gregorio XVI lo nombró Obispo de Honduras en 1840, pero el Presidente de la República hizo saber en Roma que el Padre Reyes había muerto, recibiendo la mitra el Obispo Campoy y Pérez.

Reyes estuvo en prisión en 1844 por creérsele adversario del régimen, quedando en libertad en 1845.

El 14 de diciembre de 1845 y bajo su dirección inició sus labores la Sociedad del Genio Emprendedor y del Buen Gusto, academia que más tarde se convertiría en Universidad, inaugurándola el Presidente don Juan Lindo el 19 de septiembre de 1847.

En 1852 ocupó una curul de diputado en el Congreso Centroamericano que se reunió en Tegucigalpa y, en 1846, después de dedicarse a reunir sus himnos, cantos, pastorelas, poemas y discursos, se le llamó *el Poeta Nacional*.

Falleció en Tegucigalpa el 20 de septiembre de 1855.

Obras publicadas: *Lecciones elementales de Física*, Tegucigalpa, 1855. *Pastorelas del presbítero doctor don José Trinidad Reyes*, restauradas por Rómulo E. Durón, precedidas de un estudio del licenciado Esteban Guardiola, Tegucigalpa, 1905.

ANTONIO JOSÉ RIVAS

Nació en Comayagua en 1924.

Hizo estudios de Derecho en la Universidad Nacional Autónoma de Honduras y en la Universidad Nacional de Nicaragua.

En 1950 obtuvo la Flor Natural en los Juegos Florales de León, Nicaragua, y el Segundo Premio en el Certamen de Poesía convocado por el Club Rotario de Tegucigalpa en 1964.

Ha sido catedrático de la Universidad Nacional Autónoma de Honduras y Jefe de una Sección del Ministerio de Relaciones Exteriores de Honduras.

Obras publicadas: *Mitad de mi silencio* (Poemas), Ediciones Kukulcán, Tegucigalpa, D. C., 1964.

ROBERTO SOSA

Nació en la ciudad de Yoro el 18 de abril de 1930. Actualmente dirige la revista mensual de arte y letras *Presente*, publicación de carácter centroamericano, y la página de arte y letras del diario *La Prensa* de San Pedro Sula.

En 1968 obtuvo el Premio Adonais de Poesía de España con su libro *Los pobres*.

Es miembro del PEN Club de Honduras y del grupo literario *Vida Nueva*.

Obras publicadas: *Caligramas* (Poesía), Colección Pegaso, Tegucigalpa, 1959. *Muros* (Poesía), Tegucigalpa, 1966. *Mar* *interior* (Poesía), Tegucigalpa, 1967. *Antología de la nueva poesía hondureña* (Prólogo, selección y notas de Óscar Acosta y Roberto Sosa), Tegucigalpa, 1967. *Antología del cuento hondureño* (Selección y notas de Óscar Acosta y Roberto Sosa), Tegucigalpa, 1968. *Los pobres* (Poesía), Madrid, 1969. *Breve estudio de la poesía y su creación* (Ensayo), Tegucigalpa, 1969.

CLEMENTINA SUÁREZ

Nació en Juticalpa, Olancho, el 12 de mayo de 1906. Ha residido en México, La Habana, Nueva York y San Salvador.

En Honduras editó la revista *Mujer*, y en la ciudad de México creó una Galería de Arte Centroamericano.

Obras publicadas: *Corazón sangrante* (Poesía), Tegucigalpa, 1930. *Iniciales* (Poemas), México, 1930. *Templos de fuego*(Poesía), México, 1931. *De mis sábados el último* (Poesía), Tegucigalpa. *Veleros* (Poesía), La Habana, 1937.

Engranajes(Poesía), San José, Costa Rica, 1935. *Creciendo con la hierba*, San Salvador, 1957. *Canto a la encontrada patria y su héroe* (Poema a Francisco Morazán), Tegucigalpa, 1958. *Clementina Suárez. Selección de críticas y comentarios*, Universidad Nacional Autónoma de Honduras, Tegucigalpa, 1969. *El poeta y sus señales* (Poesía), Colección Creación, Universidad Nacional Autónoma de Honduras, Tegucigalpa, 1969.

CONSTANTINO SUASNÁVAR

Nació en León, Nicaragua, hijo de padres hondureños, el 12 de enero de 1912.

Ha sido colaborador de varias revistas nacionales y extranjeras, entre las que merecen destacarse *Repertorio de Honduras*, dirigida por el escritor Salvador Turcios hijo; *Tegucigalpa*, del periodista Alejandro Castro; *Surco*, de Claudio Barrera, y *Honduras Literaria*, de la Universidad Nacional Autónoma de Honduras.

Obras publicadas: *Números*, Tegucigalpa, 1940. *La Siguanaba y otros poemas*, Tegucigalpa, 1955. *Perfil al frente*(Poesía), Tegucigalpa, 1959. *Sonetos de Honduras*, Tegucigalpa, 1965. *Soneto* *a Coello y otros sonetos*, Tegucigalpa, 1967. *Cuarto a espadas* (Poesía), Tegucigalpa, 1967. *Poemas*, 1961. *La Siguanaba y otros poemas*, Tegucigalpa, 1962.

FILADELFIO SUAZO

Nació en San Pedro Sula el 17 de diciembre de 1932. Hizo sus estudios de enseñanza secundaria en el Instituto José Trinidad Reyes de San Pedro Sula.

Se inició como periodista en el diario *La Época* de Tegucigalpa y luego se incorporó a la redacción del diario *El Día* de la misma ciudad.

Realizó estudios de periodismo en la Escuela Superior de Madrid, en donde obtuvo su diploma que lo acredita como profesional, y posteriormente estudió en el Instituto Dante Alighieri de Roma.

Fue corresponsal de periódicos y revistas sudamericanas cuando residió durante varios años en Italia y Holanda. Actualmente es Jefe de Información del diario *El Día* de Tegucigalpa.

Obras publicadas: *El reloj de la sangre* (Poesía), Ediciones Pegaso, Tegucigalpa, 1959.

JORGE FEDERICO TRAVIESO

Nació en San Francisco, departamento de Atlántida, el 16 de agosto de 1920, y falleció en Río de Janeiro el 8 de junio de 1953. Hizo estudios de medicina en la Universidad Nacional Autónoma de México en 1943 y años posteriores.

Regresó a Tegucigalpa y en 1949 fue nombrado Agregado Cultural de la Embajada de Honduras en México. En 1952 fue nombrado Secretario de la Embajada de Honduras en Río de Janeiro.

Libros publicados: *La espera infinita* (Poemas), Tegucigalpa, 1959.

FROYLÁN TURCIOS

Nació en Juticalpa, Olancho, el 7 de julio de 1875. En 1892 publicó sus primeros poemas en periódicos de Tegucigalpa y en 1894 fundó el semanario *El Pensamiento*.

En 1895 viajó a Guatemala y formó un grupo literario con escritores y periodistas. En ese mismo año fue nombrado Secretario de la Legación de Honduras en San José de Costa Rica. En 1907 fue nombrado Subsecretario de Gobernación y posteriormente fue ascendido a Ministro.

En 1904 dirigió el diario *El Tiempo* y en 1905 fundó la revista de arte y letras *Esfinge*.

Por razones de índole política abandonó el país y se radicó en Guatemala, en donde editó *El Heraldo* y *El Domingo*.

En 1909, con garantías del régimen imperante, retornó a Tegucigalpa e hizo reaparecer *El Heraldo*, en el que desarrolló campañas en favor de la autonomía de los países iberoamericanos, lo que hizo que fuerzas policiales destruyeran la imprenta en donde se imprimía ese diario, por lo que tuvo que abandonar de nuevo el país, al que regresó en 1911.

Fue electo diputado y en 1913 fue nombrado Director de la revista del Ateneo de Honduras y Ministro de Gobernación. Al terminar la Primera Guerra Mundial se le nombra Delegado de Honduras ante la Liga de Naciones en Ginebra y al Congreso Postal Mundial de Londres.

Regresó a Honduras dirigiendo revistas y ayudando a los jóvenes escritores y, en 1929, retornó a Europa como Encargado de Negocios de Honduras en Francia. Viajó por Italia, visitó la Tierra Santa, España, y en 1934 volvió a Centroamérica, radicándose en San José de Costa Rica, donde estableció la librería Ariel y fundó una revista con ese mismo nombre.

Murió el 19 de noviembre de 1943 en San José de Costa Rica.

Obras publicadas: *Mariposas* (Prosa y verso), Tegucigalpa, 1895. *Renglones* (Verso y prosa), Tegucigalpa, 1899. *Hojas de otoño* (Cuentos, prosa y verso), Tegucigalpa, 1905. *Álbum*, Tegucigalpa, 1906. *El vampiro* (Novela), Tegucigalpa, 1910. *El fantasma blanco* (Novela), Tegucigalpa, 1911. *Tierra* *maternal* (Cuentos y poemas regionales), Tegucigalpa, 1911. *Prosas nuevas*, Tegucigalpa, 1914. *Floresta sonora* (Poesía), Tegucigalpa, 1915. *Acción cívica*, Tegucigalpa, 1926. *El vampiro* (segunda edición), París, 1930. *Cuentos del amor y de la muerte*, París, 1930. *Flores de almendro* (Poesía), París, 1931. *Páginas de ayer*, París, 1932. *Anecdotario hondureño*, París, 1933.

ÁNGELA VALLE

Nació en Comayagüela el 7 de enero de 1927. Es sobrina de Rafael Heliodoro Valle y pasó su infancia al lado de nuestro compatriota en la ciudad de México.

A los dieciséis años de edad escribió un libro de versos llamado *Miel y acíbar*, y en 1967 obtuvo con su libro *Lúnulas* el Primer Premio "Juan Ramón Molina" de Poesía en el certamen que anualmente patrocina la Escuela Superior del Profesorado Francisco Morazán.

Pertenece al grupo literario femenino *Ideas* de Tegucigalpa.

Obras publicadas: *Iniciales* (Poesía), Ediciones Pegaso, Tegucigalpa, 1961. *Lúnulas* (Poesía), Ediciones de la Escuela Superior del Profesorado Francisco Morazán, Tegucigalpa, 1969.

RAFAEL HELIODORO VALLE

Nació en Comayagüela, Distrito Central, el 3 de julio de 1891, y falleció en la ciudad de México el 30 de julio de 1959. En 1907 viajó de Honduras a México, y en la Escuela Normal de Tacuba obtuvo el título de maestro normalista en 1911. En 1948 la Universidad Nacional Autónoma de México le concedió el doctorado en Ciencias Históricas.

En 1912 fue Subsecretario de Estado en el Despacho de Educación Pública, y en 1914 fue nombrado Cónsul de Honduras en Mobile, Alabama. En 1915 se le nombró Cónsul de Honduras en Belice. En 1919 y 1920 fue Secretario de la Misión Especial de Honduras en Washington, que presidía el doctor Policarpo Bonilla, al suscitarse la cuestión de límites entre Guatemala y Honduras. En 1949 fue nombrado Embajador de Honduras en los Estados Unidos de América, cargo que desempeñó hasta 1955.

En Tegucigalpa fundó en 1912 el Ateneo de Honduras, y en 1949 el Ateneo Americano de Washington, siendo el primer presidente del mismo. Fue fundador de la Academia de la Lengua de Honduras y perteneció a numerosas organizaciones, entre ellas la Sociedad de Geografía e Historia de Honduras, la Sociedad Mexicana de Geografía y Estadística, la Academia Colombiana de la Historia y la Unión Latine de París, entre otras.

Durante su larga estancia en México fue catedrático de la Universidad Nacional, dirigió publicaciones del Museo Nacional y tuvo a su cargo la sección de bibliografía de la Secretaría de Educación Pública. Trabajó en los diarios *El Universal Ilustrado*, *El Universal* y *Excélsior* de la capital azteca. Colaboró en los principales periódicos del continente, y en 1940 la Universidad de Columbia de Nueva York le confirió el Premio Marie Moors Cabot de Periodismo, que hasta entonces se había concedido exclusivamente a directores de periódicos.

Valle se inició escribiendo en el *Diario del Hogar* de México en 1908, colaborando luego, por décadas, en *La Prensa* de Buenos Aires; *El Universal*, *Excélsior*, *El Nacional* y *Novedades* de México; *Diario de la Marina* de La Habana; *El Comercio* y *La Crónica* de Lima; *El Día* de Tegucigalpa; *La Prensa* de Nueva York; *La Prensa* de San Antonio, Texas; *La Opinión* de Los Ángeles, California, y en otros diarios de los Estados de México.

Al morir Rafael Heliodoro Valle, su ataúd fue cubierto con la bandera del Primer Congreso Nacional de Estudiantes Mexicanos y se le concedió, en forma póstuma, la Cruz del Águila Azteca en Banda de Primera Clase.

Su viuda, la señora doña Emilia Romero de Valle, redactó la siguiente ficha bibliográfica sobre Rafael Heliodoro Valle:

POEMAS

- *El rosal del ermitaño* (México, 1911).
- *Como la luz del día* (Tegucigalpa, 1913).
- *El perfume de la tierra natal (Tegucigalpa, 1917).*
- *Ánfora sedienta (México, 1922).*

- *Unísono amor (México, 1940).*
- *Contigo (México, 1943).*
- *La sandalia de fuego (Managua, Nicaragua, 1952).*
- *Poemas (Tlaxcala, 1954).*

RELATOS

- *Anecdotario de mi abuelo (Notas para un libro)*, Tegucigalpa, 1915.
- *México imponderable*, Santiago de Chile, 1936.
- *Tierras de pan llevar*, Santiago de Chile, 1939.
- *Visión del Perú*, México, 1945.
- *Flor de Mesoamérica*, San Salvador, 1955.

HISTORIA

- *Tepozotlán*, México, 1952.
- *La anexión de Centroamérica a México* (6 vols.), México, 1924-1949.
- *San Bartolomé de las Casas*, México, 1926.
- *Para una biografía de Hernán Cortés*, Santiago de Chile, 1935.
- *El espejo historial* (Historia y poemas históricos), México, 1937.
- *Cartas de Bentham a José Cecilio del Valle*, México, 1942.
- *25 años de éxito. "Excélsior", el periódico de la vida nacional, S. A.*, México, 1942.
- *Iturbide, varón de Dios*, México, 1944.
- *Santiago en América*, México, 1946.
- *Bolívar en México*, México, 1946.
- *John Lloyd Stephens y su libro extraordinario*, 1948.
- *Cristóbal de Olid, conquistador de México y Honduras*, México, 1948 y 1950.
- *Páginas olvidadas de Martí*, La Habana, 1953.
- *Fray Junípero Serra and his Apostolate in Mexico*, Washington, 1950.
- *Jesuitas de Tepozotlán*, Bogotá, 1955.
- *Guadalupe, prodigio de América*, México, 1957.

BIBLIOGRAFÍA

- *Índice de escritores*, México, 1928.
- *Bibliografía mexicana*, México, 1930.
- *Bibliografía de don José Cecilio del Valle*, México, 1934.
- *Bibliografía de Historia de América*, México, 1938.
- *Bibliografía de Ignacio Manuel Altamirano*, México, 1939.
- *Cronología de la cultura*, Monterrey, México, 1939.
- *Bibliografía maya*, México, 1941.
- *La cirugía mexicana del siglo XIX*, México, 1942.
- *Bibliografía del periodismo en la América Española*, Cambridge, Mass., 1942.
- *Bibliografía cervantina en la América Española*, México, 1950.
- *Bibliografía de Hernán Cortés*, México, 1953.
- *Bibliografía de Rafael Landívar*, Bogotá, 1953.
- *Bibliografía de Sebastián de Aparicio*, Puebla, 1954.

ANTOLOGÍA

- *La nueva poesía de América*, México, 1923.
- *Índice de la poesía centroamericana*, Santiago de Chile, 1941.
- *José del Valle* (Selección de sus escritos y prólogo), México, 1943.
- *Cartas hispanoamericanas*, México, 1945.
- *Ramón Rosa* (Selección de sus escritos y prólogo titulado "Reseña cultural de Honduras"), en la *Colección Panamericana* (Buenos Aires, Editorial Jackson), vol. 19.
- *Oradores americanos*, México, 1946.
- *Tres pensadores de América: Bolívar, Bello, Martí*, México, 1946.
- *Animales de la América Antigua*, México, 1947.
- *Semblanza de Honduras*, México, 1947.
- *Un diplomático mexicano en París*, México, 1948.

- *Oro de Honduras* (Escritos de Ramón Rosa, 2 vols.), Tegucigalpa, 1948 y 1954.
- *Flor de plegarias*, Monterrey, 1954.

POLÍTICA

- *Exposición a la opinión pública de América*, México, 1955.

LIBROS EN PRENSA

- *Historia de las ideas contemporáneas en Centroamérica. Pretérito perfecto* (Autobiografía).
- *Bibliografía de Benito Juárez.*
-

EN PREPARACIÓN

- *Biografía de Barba-Jacob.*
- *Bibliografía de Justo Sierra* (extraviada).
- *Bibliografía de Centroamérica* (12 volúmenes).
- *Paisajes mexicanos.*
- *Efemérides del mundo.*
- *Relaciones diplomáticas de México y el Perú.*
- *Cristos populares de América.*
- *Primicias de la cultura en México.*
- *Bibliografía de Francisco Morazán.*
- *Geografía histórica de Honduras.*
- *Documentos históricos de Honduras.*
- *Diccionario biográfico de Honduras.*
- *Historia de Honduras.*
- *Bibliografía de Chiapas.*
- *Anales del mole de guajolote.*
- *Las mil y una noches de don Carlos Balmori.*

Nota de los antólogos: Posteriormente aparecieron *Corona a la memoria de Rafael Heliodoro Valle* (Compilación, notas y bibliografía por Emilia Romero de Valle), México, D. F., 1963, y *La rosa intemporal* (Antología poética), México, D. F., 1964.

Tampoco incluyó doña Emilia en la Bibliografía de Rafael Heliodoro Valle la segunda edición de *El rosal del ermitaño*, publicada por García Monge y Compañía, Editores, San José de Costa Rica, en 1920.

JUSTINIANO VÁSQUEZ

Nació en San Andrés, departamento de Lempira, el 2 de noviembre de 1929.
En 1945 se graduó de Licenciado en Ciencias Jurídicas y Sociales en la Universidad de Honduras.

Reside en Tegucigalpa, dedicado al ejercicio de su profesión de abogado.

ARMANDO ZELAYA

Nació el 8 de julio de 1928 en Comayagüela, ciudad gemela de Tegucigalpa.
Estudió bachillerato en el Instituto San Miguel e inició estudios en la Facultad de Ciencias Jurídicas y Sociales de la Universidad de Honduras.

Ha sido Jefe de Relaciones Públicas de las Fuerzas Armadas (1958-1956) y Delegado Alterno de Honduras ante la Asamblea de las Naciones Unidas en Nueva York (1965).
Ha ejercido el periodismo en su patria, siendo Jefe de Redacción del diario *El Cronista* en el período 1954-1956, director del semanario humorístico *El Chilío* y miembro fundador de la Asociación de Prensa Hondureña (APH).

En el diario *El Cronista*, en el que trabajó varios años, mantuvo en la edición dominical una sección de arte y letras, juntamente con el periodista Salvador Valladares, llamada *Carta de navegar por la literatura*.